MERIAN *momente*

BUDAPEST

ELISABETH GRABOW

Zeichenerklärung

 familienfreundlich
🕐 Der ideale Zeitpunkt
🚩 Neu entdeckt
📖 Faltkarte

Preisklassen

Preise für ein Doppelzimmer mit Frühstück:

| €€€€ ab 150 € | €€€ bis 150 € |
| €€ bis 100 € | € bis 75 € |

Preise für ein dreigängiges Menü:

| €€€€ ab 33 € | €€€ bis 33 € |
| €€ bis 16 € | € bis 10 € |

BUDAPEST ENTDECKEN   4

BUDAPEST ERLEBEN   20

BUDAPEST ERKUNDEN   58

DAS UMLAND ERKUNDEN   154

BUDAPEST ERFASSEN   162

KARTEN UND PLÄNE

BUDAPEST
ENTDECKEN

EQT ISTVÁN KIRÁLY

In Budapest führen neun Brücken über die
Donau: im Bild die Freiheitsbrücke (▶ S. 168).

MEIN BUDAPEST

Budapest ist eine Stadt der Widersprüche – alt und neu,
arm und reich, laut und leise. Was zuerst wie eine oft gehörte
Plattitüde klingt, wird in Budapest mit neuem Inhalt gefüllt.
Wer die Stadt einmal erlebt hat, den wird sie nicht mehr loslassen.

Die ungarische Hauptstadt bietet einen Facettenreichtum, wie ihn nur wenige Metropolen in Europa bieten können. Das Leben in der Stadt ist geprägt von 150 Jahren türkischer Besatzung, einem ganz eigenen mediterranen Flair und dem pulsierenden Rhythmus der Großstadt. Dabei sind es sowohl die Thermalbäder als auch das vielfältige Nachtleben, die kulturelle Szene und die irgendwo zwischen Gastfreundschaft und Gleichmut angesiedelte Grundhaltung der Bewohner, die Budapest zu einem einzigartigen Erlebnis machen. Vom ganz eigenen Duft – einem unwiderstehlichen Gemisch aus Smog, Asphalt und Donau – bis hin zum überwältigenden Panorama vom Burgberg hinunter kann man die Stadt mit allen Sinnen erleben.

◄ Auch gut mit dem Drahtesel zu erkunden:
Fahrradfahrer auf der Andrássy út (► S. 91).

Um einen Eindruck vom echten Budapest zu bekommen, lohnt es sich, ein wenig abseits der Touristenpfade zu wandeln. Ein Nachmittag auf der Margaretheninsel bei sonnigem Wetter oder ein Kaffee in einem der traditionsreichen Kaffeehäuser lassen die Zeiten der k.-und-k.-Monarchie wiederauferstehen. Dies noch kombiniert mit einem Spaziergang durch die mit wunderschönen Gründerzeitbauten gespickten Straßenzüge – und schon fühlt man sich wie ein Wandler zwischen Wien und Budapest.

ENTSPANNEN IM THERMALBAD

Bei schlechtem Wetter oder auch einfach nur zum Entspannen lohnt sich ein Besuch eines der zahlreichen Thermalbäder. Budapest beheimatet wohl einige der schönsten Bäder überhaupt, wobei zwischen ausladendem Luxus im Gellért und Széchényi Bad oder einem Relikt aus türkischen Besatzungszeiten, dem Rudas Bad, gewählt werden kann. Während draußen das Leben immer schneller und hektischer wird, wirken die Bäder wie kleine Inseln der Ruhe, wenn man alte Herren im Wasser Schach spielen sieht und alles irgendwie langsamer läuft.

MIT DEM DRAHTESEL UNTERWEGS

Wer es etwas schneller mag, dem sei wärmstens ein Fahrradverleih empfohlen. Die Stadt und das Umland sind gemacht, um sich mit jeder Art des Zweirads fortzubewegen, egal ob extremes Downhilling oder entspanntes Radeln am Donauufer. Auf zwei Rädern und aus eigenem Antrieb lässt sich die Stadt perfekt erkunden. Ich selbst bin in Budapest zur passionierten Radfahrerin geworden und kann mir keine bessere Möglichkeit vorstellen, diese wundervolle Stadt kennenzulernen. Fahrradwege gibt es zuhauf, doch gerade die Pester Innenstadt mit den vielen kleinen Einbahnstraßen ist eine Rundfahrt wert. Dabei kann der Drahtesel nach Belieben angeschlossen werden, um in einer der zahlreichen Kneipen, Restaurants und Bars einen Zwischenstopp einzulegen. Vorsicht ist allerdings beim Alkohol geboten, in Ungarn gilt die 0,0-Promille-Grenze auch für Radler! Jedoch scheinen die Polizisten hier bisher recht nachsichtig zu sein, solange man keine akute Gefahr für sich selbst und den Straßenverkehr darstellt. Echtes ungarisches Lebensgefühl vermitteln auch die vielen Markthallen über die Stadt verteilt. Dabei ist die Große Markthalle zwar zweifelsohne die schönste, aber das authentische

Budapest zeigt sich in den kleineren Hallen. Beim Wandeln zwischen den Obstständen kann vor dem Kauf oft probiert werden und die erstandenen Früchte später am nächsten öffentlichen Trinkwasserbrunnen gewaschen und sogleich vernascht werden. Es gibt kaum einen besseren Weg, um sich zwischen zwei Programmpunkten kurz zu erholen. Wer Lust auf etwas Deftiges hat, der wird in jeder Markthalle fündig. Ob gebackene Knackwurst (Kolbász) oder in Öl gebackener Hefeteig (Lángos) mit saurer Sahne und Käse, hungrig muss niemand den Markt verlassen. Und zwischen all den Gerüchen und dem Stimmengewirr fühlt man sich schnell zu Hause.

EMPFEHLUNGEN FÜR DEN KURZURLAUB

Wer nur wenige Tage in Budapest verbringen kann, der sollte zuallererst eine Stadtrundfahrt unternehmen. Dabei gibt es mehrere Möglichkeiten: Entweder man begibt sich auf eine »Hop on, Hop off-Tour« mit einem der vielen Anbieter, steigt in eine der unzähligen Fahrrad-Rikschas, oder aber man fährt auf eigene Faust mit öffentlichen Verkehrsmitteln. Denn obwohl man viele Abstriche machen muss, ist das Budapester Verkehrsnetz durchaus nutzbar und hat mit seinen teils fast antik anmutenden Bussen und U-Bahn-Wagen einen ganz eigenen Charme.

Die Pester Innenstadt zwischen Szabadság híd und Margit híd innerhalb des Nagy körút (Große Ringstraße) lässt sich am besten mit der Straßenbahnlinie 2 erkunden. Die Fahrt geht am Donauufer entlang und bietet neben einem tollen Blick auf die Budaer Seite der Stadt auch viele Haltestellen, von denen man zu Fuß aus seinen Weg fortsetzen kann. Vom zentral gelegenen Deák Ferenc tér, der selbst eine kleine Sehenswürdigkeit ist, kann man mit der sogenannten Untergrundbahn (der ersten U-Bahn des europäischen Festlands) Richtung Heldenplatz fahren. Zwischen dem Museum der Schönen Künste und der Kunsthalle ziert eine Siegessäule, umgeben von den 14 Clanchefs der Landnahme, den Eingang zum Stadtwäldchen (Városliget). Von dort aus lohnt sich ein Spaziergang zurück Richtung Innenstadt auf der Prachtstraße Andrássy út. Der Weg führt auch am Haus des Terrors vorbei, einem Museum zur Erinnerung an die Opfer der zwei Diktaturen, die Ungarn mehr als 50 Jahre beherrscht haben.

Der letzte Abschnitt der Andrássy út zwischen Oktogon und Deák tér ist den Edelboutiquen vorbehalten. Hier kann nach Lust und Laune eingekauft oder einfach nur ein Schaufensterbummel gemacht werden. Angekommen am Deák tér, ist es nur ein Katzensprung zu verschiedenen

Sehenswürdigkeiten wie der St.-Stephans-Basilika oder der Großen Synagoge, dem geistigen Zentrum des ungarischen Judentums.

Doch auch die Budaer Seite hat einiges zu bieten, was man sich nicht entgehen lassen sollte. Vom mit der U-Bahn-Linie 2 oder verschiedenen Straßenbahnen gut zu erreichenden Széll Kálmán tér kann die Burg mit einem Bus angefahren werden. Wer es mit mehr Ausblick mag, kann von der Budaer Seite der Lánchíd (Kettenbrücke) die Zahnradbahn hinauf zum Burggelände nehmen. Dort gibt es neben der Matthiaskirche, der Fischerbastei und der Burg selbst viele kleine Gassen zu erkunden. Auch der Blick von der Fischerbastei auf die sich weit hinziehende Pester Seite ist den Weg wert, doch die wahre Größe und Schönheit der Stadt eröffnet sich dem Betrachter erst von der Spitze des Gellért-Berges aus. Insbesondere in den Abendstunden ist der Blick auf die leuchtende Pester Innenstadt bezaubernd.

TASCHENDIEBE UND TOURISTENFALLEN

Wie in jeder Großstadt gibt es auch in Budapest leider einiges, wovor gewarnt sein sollte. Da wären zum einen die zahlreichen Taschendiebe, die es vorrangig auf Touristen abgesehen haben. Es ist ratsam, immer etwas Kleingeld in der Hosentasche zu haben, sodass eine Flasche Wasser oder ein Stück Pizza unterwegs bezahlt werden können, ohne dass das Portemonnaie hervorgeholt werden muss. Auch allzu ausgedehnte Spaziergänge im VIII. und IX. Bezirk sind nicht ratsam, da diese Stadtteile als wenig sicher gelten. Zwar sicher, aber überteuert und nicht einmal sonderlich gut sind die Restaurants entlang der Váci utca. In der Flanierstraße reiht sich ein Restaurant an das andere, die Menüs sind vielfältig. Aber wer nur in eine Seitenstraße der Váci utca geht, findet zumeist günstigere und bessere Lokalitäten. Es lohnt sich in Budapest auf jeden Fall immer, die Touristenpfade zu verlassen und lieber mangelnde Sprachkenntnisse in Kauf zu nehmen, dafür aber gutes Essen und echtes Budapester Flair zu bekommen.

DIE AUTORIN

Elisabeth Katalin Grabow lebt seit über drei Jahren in Budapest und arbeitet dort als freie Journalistin und Redakteurin. Schon seit ihrer Kindheit ist sie durch familiäre Bande mit dieser Stadt verknüpft, doch seit sie hier auch wohnt, erlebt sie sie ganz anders. Als überzeugte Radfahrerin und Freiluftfanatikerin bietet ihr Budapest einfach alles, was sie für ihr Glück braucht.

MERIAN TopTen

Diese Höhepunkte sollten Sie sich bei Ihrem Besuch auf keinen Fall entgehen lassen: Ob das Burgviertel, die Große Synagoge oder die Margareteninsel – MERIAN präsentiert Ihnen hier die wichtigsten Sehenswürdigkeiten Budapests.

1 Burgviertel
Seit 1987 wird das Viertel auf der Liste des UNESCO-Weltkulturerbes geführt. Es besteht größtenteils aus mittelalterlichen Bauten sowie Bauwerken des 17. und 18. Jh. (▶ S. 62).

2 Zitadelle
Die Festung wurde im Anschluss an den Freiheitskampf 1848 zur Abschreckung der ungarischen Aufständischen durch die Habsburger erbaut (▶ S. 64).

3 Parlament
Das Hohe Haus gilt als Europas zweitgrößtes Parlamentsgebäude und beherbergt die Krönungsinsignien (▶ S. 75).

4 St.-Stephans-Basilika
Das römisch-katholische Gotteshaus ist ein bedeutendes Bauwerk im Stil der Neorenaissance (▶ S. 76).

5 Heldenplatz
Der Heldenplatz ist gleichermaßen Eingang zum Stadtwäldchen wie auch Denkmal des tausendjährigen Jubiläums der Landnahme (▶ S. 91).

6 Zentrale Markthalle
Die architektonisch sehenswerte Markthalle am Fővám tér ist mit 10 000 qm der größte überdachte Markt der Stadt, das Angebot an Obst und Gemüse ist vielfältig (▶ S. 104).

⭐ 7 Große Synagoge in der Dohány utca

Die Nagy zsinagóga in der Dohány utca ist Europas größte Synagoge und Zentrum des jüdischen Lebens in Budapest (▶ S. 121).

⭐ 8 New York Palast

Einst Versicherungszentrale, ist der New York Palast seit dem Jahr 1900 eines der typisch ungarischen Kaffeehäuser. Er beheimatet heute ein Luxushotel (▶ S. 122).

⭐ 9 Margaretheninsel

Zwischen beiden Stadtteilen in der Donau gelegen, ist die Margaretheninsel mit fast 1 qkm das grüne Herz der Stadt (▶ S. 133).

⭐ 10 Kunsthalle

Die 1895 eingeweihte Ausstellungshalle (Műcsarnok) am imposanten Heldenplatz erwartet die Besucher mit stets wechselnden, teils kritischen Ausstellungen moderner und zeitgenössischer Kunst (▶ S. 140).

MERIAN Momente
Das kleine Glück auf Reisen

Oft sind es die kleinen Momente auf einer Reise, die am stärksten in Erinnerung bleiben – Momente, in denen Sie die leisen, feinen Seiten der Stadt kennenlernen. Hier geben wir Ihnen Tipps für kleine Auszeiten und neue Einblicke.

❶ Panoramablick am Donauufer ⚓ B–C 5–7

Mit einer Flasche Wein vom Markt und nur wenige Schritte vom Trubel der Touristenfallen entfernt, zwischen Id. Antall József rakpart und Jane Haining rakpart, genießen Sie am Abend den Blick auf das hell erleuchtete Budaer Donauufer mit Burgviertel und Zitadelle. Überdimensionierte Bänke stehen bereit und warten nur auf Sie. Doch selbst wenn alle Plätze belegt sind, ist das noch lange kein Grund, wieder wegzugehen, denn auf den Stufen zu den Anlegestellen sitzt man nicht weniger schön. Da dieser Abschnitt der Donau sehr beliebt ist, wird hier regelmäßig kontrolliert und sauber gemacht, Sie können sich also beruhigt auf den Treppen niederlassen. Und mit etwas Glück findet sich auch einer der zahlreichen Straßenmusiker zu einem abendlichen Konzert ein. Aber auch ohne Musik ist das Donauufer der perfekte Platz, um den Tag in Gedanken Revue passieren zu lassen.

V. | Széchényi István tér | Tram: Széchényi István tér

Am Puls der Stadt C 6

Leben und leben lassen heißt es am Erzsébet tér. Mitten in der Innenstadt sind die Grünflächen das Mekka für Entspannungswillige, der Getränkenachschub ist durch Supermärkte in der Nähe ebenso gesichert wie die Unterhaltung durch Straßenmusiker. Besonders im Sommer wirkt der belebte Erzsébet tér wie ein emsig summender Bienenstock, aus dem ein fast babylonisches Sprachgewirr zu hören ist. Vor dem Theater, nach dem Theater, vor der Party, nach der Party, am Nachmittag, Vormittag, Abend – bei gutem Wetter ist der Erzsébet tér der vermutlich belebteste Ort der Stadt.

V | Erzsébet tér | Metro/Tram/Bus: Deák Ferenc tér

 Musik von Herzen C 6

Im Herzen der Stadt, rund um den Vörösmarty tér im V. Bezirk, trifft sich im Sommer die Crème de la Crème ungarischer Straßenmusiker. Egal, ob klassische Musik, Rock'n'Roll oder Reggae unplugged – mit einem eiskalten Getränk von einem der zahlreichen Stände in der Nachbarschaft können Sie es sich auf den Stufen einer von Brunnen, Kirchen oder Blumenkästen

bequem machen. Es lohnt sich, mehrmals am Tag auf einen Sprung vorbeizuschauen, denn die musikalischen Darbietungen wechseln sich ab, und auch durchreisende Künstler geben sich hier die Ehre. Mit etwas Glück spielt jemand Ihren Lieblingssong – oder Sie wünschen sich ihn einfach.

V. | Vörösmarty tér | Metro: Vörösmarty tér

Hoch über der Stadt

westl. A 9

Den wohl schönsten Panoramablick über die Stadt – und dazu noch in einem Naturschutzgebiet gelegen – bietet der Sashegy-Aussichtspunkt. Mit dem Bus der Linie 8 ersparen Sie sich den langen Weg hinauf. Weit weniger bekannt als der Aussichtspunkt auf der Zitadelle, haben Sie auf dem Sashegy die Möglichkeit, zur Ruhe zu kommen und einfach nur zu genießen, ohne dabei von Heerscharen von Touristen überrannt zu werden. Selbst ein Naturlehrpfad für an Flora und Fauna Interessierte findet sich hier. Aber auch ohne diese Wissensvermittlung wird der Ausblick vom Sashegy kilátó einen besonderen Eindruck hinterlassen. Planen Sie Ihren Ausflug allerdings nur

bei gutem Wetter. Denn nichts ist ärgerlicher, als bei Nebel (oder allzu starkem Smog) am Aussichtspunkt zu stehen – und nichts zu sehen. Die ganze Schönheit der Stadt erschließt sich nur bei guten Sichtbedingungen.

XI. | Tájék utca 26 | Bus: Korompai utca | www.dunaipoly.hu | 1. März–31. Okt. Di, Fr, Sa, So und Feiertag 10–18 Uhr | Eintritt ab 550 Ft, Kinder 350 Ft

5 Eine Schifffahrt, die ist lustig

Stadtrundfahrt mal anders heißt es mit der Schiffslinie des Öffentlichen Nahverkehrs BKK. Im Gegensatz zu teuren Ausflugsdampfern sind die Ticketpreise hier verhältnismäßig günstig, und es gibt keine aufdringlichen Kellner, die überteuerte Getränke anbieten. Von Nord nach Süd und wieder zurück finden Sie genügend Zeit, alle Schönheiten entlang der Donau in Augenschein zu nehmen. Der Fahrplan gibt mehr Richtwerte denn feste Abfahrtszeiten an, etwas Geduld ist zuweilen erforderlich. Haltestellen finden sich entlang der Donau zu beiden Seiten. Im Norden beginnt die Fahrt in Újpest und endet im Süden am Kulturschiff A38. Und vom Schiff aus lässt sich

sicherlich das nächste Ausflugsziel für Ihren Sightseeingtrip entdecken.

www.bphajojarat.hu | wochentags 350 Forint (regulärer Einzelfahrschein), am Wochenende 750 Ft, Kinder 550 Ft

6 Draußen im Grünen 🦆 nördl. D1

Der Római part im III. Bezirk ist zwar etwas außerhalb gelegen, aber mit öffentlichen Verkehrsmitteln oder dem Fahrrad gut zu erreichen. Entlang des jährlich von Überflutungen heimgesuchten Streifen Lands gibt es klassische ungarische Leckereien wie Lángos und auch die ein oder andere Kneipenbesonderheit. Oder machen Sie einfach ein Picknick, denn besonders in den Abendstunden im Sommer ist einer der Liegestühle am Kieselstrand der beste Platz, um der Hitze des Sommers zu entkommen. Die Uferpromenade erstreckt sich auf einer Länge von fast fünf km, ein Plätzchen zum Entspannen findet sich also bestimmt. Und wenn die Donau gemächlich vorbeifließt und kleine Wellen am Ufer plätschern, ist dies bestimmt eine der schönsten Ecken Budapests.

III. | Romai part | Bus: Silvanus sétány

7 Drinnen im Grünen 🦆 B–C2–4

Nicht nur New York hat eine grüne Lunge. In Budapest ist dies die Margaretheninsel, und bei gutem Wetter lohnt sich hier ein kleines Picknick. Auf der Insel trifft sich halb Budapest, um zu entspannen. Dabei gehört der südlichere Teil der Insel, also in Richtung Margit híd, den Sportlern. Wer es ruhiger mag, sollte den Weg gen Norden und Árpád híd nehmen. Kurz vor dem Aufgang zur nördlicheren Brücke liegt, von den meisten Besuchern unbeachtet, ein japanischer Garten. Kleine Teiche sind hier durch Kanäle verbunden, sie bieten Tieren wie Goldfischen, Schildkröten und Wildenten ein Zuhause. Im Garten laufen kleine Wege kreuz und quer und laden zum Lustwandeln ein.

XIII. | Margit sziget | Tram: Margit sziget

8 Wohltuende Klänge  B 4

Klassische Musik und dazu leises Geplätscher: Der Musikbrunnen auf der Margaretheninsel ist weder leise, noch spielt er nur klassische Musik. Dafür macht die etwas ungewöhnliche Mischung aus Rockklassikern und Vivaldi, die man unter Platanen sitzend genießen kann, einfach Freude. Am Vormittag sind die Musikeinlagen kürzer, abends kann sie bis zu 30 Minuten lang dauern. Am Abend erklingt dann auch die gesamte Musikpalette mit Fontänenspiel und Lichtshow.

XIII. | Margit sziget | Tram: Margit sziget | www.margitsziget.info | Musik 10–18 immer zur vollen Stunde, 19.30, 21 Uhr

9 Seilbahn für Mutige

westl. A 5

Etwas Mut erfordert die Fahrt mit der etwa einen km langen Seilbahn auf den János-Berg. Da die Bahn gut mit dem Bus zu erreichen ist, lohnt sich die Fahrt sowohl nach oben als auch wieder nach unten. Auf dem Weg nach oben können natürliche Felsformationen wie der Szószék-Felsen bestaunt werden, auf dem Weg hinab verändert sich das Bild Budapests von Augenblick zu Augenblick, während man langsam hinabfährt. Selbst ohne oder nur bei leichtem Wind schaukeln die Gondeln. Einsteigen sollten also nur Mutige. Zur Beruhigung sei gesagt, die Bahn ist unfallfrei, und selbst, wenn es mal zu Verzögerungen kommt, sind alle Passagiere bisher heil und gesund wieder unten angekommen.

XII. | Zugligeti út 97 | Bus: Zugligeti Libegő | www.bkv.hu | Nov.–Jan. tgl. 10–15.30, Feb. und Okt. 10–16, März 10–17, April und Sept. 10–18, Mai–Aug 10–19 Uhr | Ticket ab 750 Ft, Kinder ab 450 Ft

NEU ENTDECKT
Darüber spricht ganz Budapest

Städte befinden sich stetig im Wandel, neue Hotels, Restaurants und Cafés, Geschäfte, Bars oder Clubs eröffnen und begeistern ihr Publikum. Und auch Sehenswürdigkeiten und Museen laden erstmals zu einem Besuch ein. Damit Sie keinen dieser angesagten Orte verpassen, können Sie sich hier einen raschen Überblick verschaffen.

◄ Wie ein edles Domizil eingerichtet: das Il Bacio di Stile (▶ S. 19) verkauft Luxusmode.

ESSEN UND TRINKEN

Az élet étterme

»Das Restaurant des Lebens« – Die Stadt lockt mit süßen Verführungen, da ist ein Besuch im »Az élet étterme« eine gute Alternative. Das erste Rohkost-Restaurant bietet Köstliches aus Obst und Gemüse – ganz ohne Kochen oder Backen. Es gibt Spaghetti, Palacsinta (ungarische Eierkuchen) und Gemüseburger und die Garantie, dass alle Zutaten zu 100% aus biologischem Anbau stammen. Die Idee gesunder Ernährung – auch zum Mitnehmen – funktioniert so gut, dass das Lokal gleich mehrere Filialen eröffnet hat, u. a. auch eine Rohkost-Konditorei. www.mannatural.hu | €€
– V. | Garibaldi utca 5 | Metro/Tram: Kossuth Lajos tér | tgl. 11.30–21 Uhr
– XII. | Kiss János altábornagy utca 21 | Tram: Márvány utca | tgl. 11–21 Uhr
– Konditorei: I. | Balambér háza | Pauler utca 8 | Tram: Krisztina tér | Mo–Fr 11–19, Sa 11–14.30 Uhr

Cat Café · C 6

Mit Katzen – Ein aus Japan kommender Trend hat Budapest erreicht. Das Cat Café bietet neben dem üblichen Kaffee- und Kuchenangebot ein ganz besonderes Ambiente. Denn dort leben zwölf Katzen, deren Zuhause das Café ist. Die Stubentiger spielen gern mit »ihren« Gästen. Der vordere Raum und das Obergeschoss sind mit Bistrostühlen und -tischen eingerichtet, der hintere Raum, indem sich der Katzenspielplatz befindet, ist mit Möbeln aus Europaletten eine Oase der Ruhe.

VI. | Révay utca 3 | Metro/Tram/Bus: Deák Ferenc tér | www.catcafe budapest.hu | tgl. 10–22 Uhr

Donut Library · C 4

Bei Einheimischen beliebt – Budapest wird immer weltoffener. Das zeigt sich auch in der Gastronomie. Wohl auch deswegen ist die jüngst eröffnete Donut Library einfach ein Muss. Worin genau das Geheimnis ihres Erfolgs

besteht, weiß niemand so genau, sicher ist aber, dass es sich bei einem köstlichen Donut und einem interessanten Buch gut entspannen lässt und man sich vielleicht sogar ein bisschen wie in New York dabei fühlt.

XIII. | Pozsonyi út 22 | Tram/Fähre: Jászai Mari tér | Mo–Sa 10–20, So 12–20 Uhr

Hepi Vedör · B 3

Glückliche Gäste – Was der Name Hepi Vedör (»Glückliches Wetter«) eigentlich bedeutet, ist nicht ganz klar, klar ist jedoch, was sich das neue Café zum Ziel gesetzt hat: ein Höchstmaß an Glücksgefühl für seine Gäste. Das kleine Café ist nicht nur freundlich gestaltet, sondern auch die Speisekarte macht fröhlich. Hierher kommt man zum Frühstück, Mittagessen oder einfach nur für einen Kaffee zwischendurch. Das Café hat sich auf biologisch nachhaltig hergestellte Waren spezialisiert und verarbeitet diese in seinen Snacks. Inhaber Ádám steht fast täglich hinter dem Tresen, er bedient und bereitet die Bestellungen zu und hat dabei für jeden ein offenes Ohr.

III. | Evező utca 7 | Bus: Kolosy tér | www.hepivedor.hu | Mo–Fr 8–21, Sa 12–21 Uhr

KIOSK ⚓ C7

Frisch, frischer, KIOSK – Erst seit Mai begrüßt das KIOSK seine Gäste im Herzen der Stadt mit einer bunten Palette an Angeboten. Ein bisschen Ruinen-Pub, ein bisschen Restaurant, ein bisschen Partylocation. Der Mix der Stile geht auf, und so lässt es sich im KIOSK ebenso gut zu Mittag essen wie am Abend ein Glas Wein genießen oder den sonntäglichen Kaffee in familiärer Atmosphäre trinken. Die Speisekarte reicht von ungarischen Klassikern wie Gänsekeule (ein Muss!) über Geflügelspezialitäten bis zu kulinarisch verwandelten Themenabenden. Ein besonderes Highlight sind die Abende, an denen Budapests »Music Sommelier« und Organic DJ Bruce Marshall sich die Ehre gibt. Passend zu seinem Publikum wählt er die Musik aus und begibt sich mit seinen Zuhörern auf eine musikalische Reise.

V. | Március 15. tér 4 | Metro/Bus: Ferenciek tere, Tram: Petőfi tér | Mi–Sa 12–1, So 12–18 Uhr

One More Café ⚓ D 6

Für Mac-User und andere – Nicht nur Freunde des »Apfelcomputers« werden die Shows um die Neuvorstellungen von Apple-Produkten verfolgt haben. Und sich erinnern: Immer, kurz vor Schluss war da dieser Satz von Steve Jobs zu hören: »One more thing«. Das One More Café lehnt genau hieran an und ist dabei doch viel mehr als nur ein Café für Mac-User. Neben dem unkomplizierten technischen Support und den Kaffeespezialitäten ist es das abgeklärte und minimalistische Design, das vor allem eingefleischten Mac-Usern ein Lächeln entlocken wird und das das One More Café zu einer liebenswerten Adresse machen. Als Sahnehäubchen sei erwähnt, dass sich das Café im Gozsdu udvar befindet, dem kulinarischen Hotspot der Stadt.

VII. | Dob utca 16 | Metro/Tram/Bus: Deák Ferenc tér | Mo–Mi 10–24, Do–Sa 10–2, So 10–20 Uhr | www.onemore cafe.hu

Vintage Garden ⚓ D 6

Ruhige Atmosphäre – Da es von außen relativ unscheinbar anzuschauen ist, läuft man Gefahr, das Vintage Garden zu übersehen. Doch betritt man dieses mit so viel Liebe zum Detail eingerichtete Café, glaubt man sich in einer anderen Welt, irgendwo zwischen Provence und Ruinenkneipe. Dabei ist das Vintage Garden aber keineswegs ein Mix oder gar ein Abklatsch, vielmehr kommt hier – sowohl in der Inneneinrichtung als auch bei den angebotenen Speisen – eine romantische Note zum Tragen, ohne dabei ins unerhört Kitschige abzugleiten. Hier passt kaum ein Stuhl zum anderen, dafür aber alles zum Ort selbst. Die Desserts sind ebenso herzlich-süß im Geschmack wie das Vintage Garden im

Ganzen. Außerdem herrscht hier niemals eine stressige Atmosphäre, denn hier gönnt man sich und seinen Gästen Ruhe.

VII. | Dob utca 21 | Metro/Tram/Bus: Deák Ferenc tér | tgl. 11–24 Uhr

EINKAUFEN

Il Bacio di Stile   D 6

Die zweifelsfrei edelste Adresse in ganz Budapest findet sich auf der Höhe der Andrássy út 19. Das Il Bacio di Stile hat es sich zum Ziel gesetzt, Luxusmarken der obersten Kategorie stilecht zu präsentieren und anzubieten. Mit dezenter Beleuchtung und mehrsprachigem, freundlichem Personal fühlt man sich schnell wie im Märchen. Eine Besonderheit ist nicht nur die Vielfalt der Auswahl, sondern die ebenfalls im Store ausgestellten Werke zeitgenössischer Künstler.

VI. | Andrássy út 19 | Metro: Opera | www.ilbaciodistile.com | Mo–Sa 10–20, So 11–18 Uhr

Szimpla Design Shop   D 6

Das Ruinenpub Szimpla ist auch über die Grenzen Ungarns hinaus bekannt. Weniger bekannt ist dessen sympathischer Ableger, der Szimpla Design Shop. Dabei handelt es sich nicht um einen weiteren Trödelladen, wie man vielleicht vermuten mag. Stattdessen werden aus alten Möbeln und anderweitigem neue Gegenstände geschaffen. Die Möglichkeiten der erneuten Nutzung sind hier fast unbegrenzt, und ebenso kreativ kann auch bezahlt werden. Denn im Szimpla Design Shop gilt nicht nur die klingende Münze als Zahlungsmittel. Hier kann auch gegen einen alten, aufzuarbeitenden Bilderrahmen oder Omas ehemaliges Sonntagskleid getauscht werden.

VII. | Síp utca 24 | Metro/Tram: Deák Ferenc tér oder Astoria | Mi, Fr 12–19, Do 13–20, Sa und So 12–16 Uhr

Weitere Neuentdeckungen sind durch dieses Symbol gekennzeichnet.

Alte Möbel und Lampen, und was man sonst noch in jedem beliebigen Keller so finden kann, werden im Szimpla Design Shop (▶ S. 19) zu Neuem gestaltet oder umfunktioniert.

In einem leer stehenden Haus eingerichtet:
die Ruinenkneipe Szimpla (▶ S. 128).

BUDAPEST
ERLEBEN

ÜBERNACHTEN

Mit über 25 000 Hotelbetten bietet Budapest eine Vielzahl von Über-
nachtungsmöglichkeiten für den Besucher. Besonders empfehlenswert
sind dabei die Hotels mit Donaupanorama. In familiären Hostels
oder Ferienapartments fühlt man sich dagegen schnell heimisch.

Was für die Kneipenszene das »Ruin-Pub« ist für die Übernachtungs-
gelegenheit in Budapest das Hostel. Während dieses in anderen Städten
mehr den Rucksacktouristen und Schülergruppen auf Klassenfahrt vorbehalten scheint, haben Budapester Hoteliers eine ganz neue Art des
Hostels geschaffen. Neben den gewohnten Mehrbettzimmern bieten diese auch komplette, gut eingerichtete Apartments für ein oder zwei Personen mit Bad und eigener Küche. Berührungsängste mit dieser Art
von Unterkunft sind in der ungarischen Hauptstadt also nicht nötig.
Doch auch wer es klassischer und trotzdem individuell mag, wird fündig.
Denn in Budapest gibt es eine Vielzahl an Hotels, die ihren Anspruch
weit höher ansetzen, als ihren Gästen nur eine Unterkunft zu bieten. Hier
soll auch das Hotel selbst Teil des »Budapest-Erlebnisses« werden, damit
für den Gast der Aufenthalt in dieser Stadt unvergesslich wird.

◀ Gekonnter Stilmix: Die Keath Haring gewid-
mete Suite des Baltazár Hotels (▶ S. 23).

Übernachtungen werden in Budapest pro Nacht und Zimmer oder pro Person bezahlt. Ein zweiter Blick auf die Angebote lohnt also, da die Preise unterschiedlich angegeben werden. Ebenso wie bei der Preisangabe nicht einheitlich verfahren wird, gibt es leider auch kein zentrales Buchungsportal. Weder auf der Seite www.budapest.com noch unter www.budapesthotelstart.com sind alle Hotels, Hostels und Apartments verzeichnet. Eine breite Auswahl findet sich jedoch auf jeder der beiden Seiten. Zudem sind beide Websites gut verständlich und in mehreren Sprachen gehalten.

ZUHAUSE AUF ZEIT

Ferienwohnungen bieten immer die Möglichkeit, intensiv in das Leben einer Stadt einzutauchen. Dies ist die Kernidee, die hinter dem Service der »Apartments Budapest« steht. Doch neben der Vermietung von traumhaft gelegenen und schön eingerichteten Wohnungen helfen die Mitarbeiter auch gern bei weiteren Fragen, die sich in einer fremden Stadt ergeben können, wie dem Transfer zum Flughafen oder dergleichen mehr. Das wirklich Angenehme an den »Wohnungen auf Zeit« ist, dass sie in der regulären Nachbarschaft zu finden sind, in der man nicht nur mit anderen Hotelgästen ins Gespräch kommt, sondern – so zeigt es die Erfahrung – bei längeren Aufenthalten eben auch ein nachbarschaftliches Verhältnis entstehen kann. Die Apartments befinden sich vorrangig im Umfeld der Nationaloper an der schönen Andrássy út. Buchungsmöglichkeit über: www.apartmentsbudapest.info

BESONDERE EMPFEHLUNGEN

Baltazár Hotel　　　　🏨 A 5

Luxuriöser Urban Style – Hoch oben auf der Burg gelegen, ist das Baltazár zwar nicht ganz so einfach zu erreichen wie andere Hotels, aber der Weg lohnt sich. Zum einen wegen der malerischen Nachbarschaft, denn das Burgviertel ist Teil des UNESCO-Weltkulturerbes. Zum anderen wegen der einzigartigen Ausstattung, die den Besucher erwartet. Auch das Baltazár setzt auf die individuelle Gestaltung der Zimmer, verbindet dabei gekonnt Vintage-Möbel mit moderner Dekoration, gewürzt mit einer Prise Luxus. Zum Hotel gehören auch ein Restaurant und eine Weinbar. Wer also den Weg hinunter in die Stadt nicht mehr auf sich nehmen möchte, findet im Restaurant des Baltazár gewiss das Passende.

I. | Országház utca 31 | Bus: Kapisz-
trán tér | Tel. 01/3 00 70 51 | www.
baltazarbudapest.com | 11 Zimmer |
€€€

Bazár Hostel ⚑ D 6

Bei Freunden – Das im Stadtzentrum
gelegene Bazár Hostel öffnete erst vor
Kurzem seine Pforten, hat aber schon
jetzt Kultstatus. Denn hier wohnt es
sich wie bei Freunden. Es gibt neben
den verschiedenen Zimmern auch Ge-
meinschaftsräume und -küchen, in denen die Mitarbeiter jederzeit gern für
Gespräche, Fragen oder einfach nur für
eine gemeinsame Tasse Tee offen sind.
VII. | Dohány utca 22–24 | Metro/Tram/
Bus: Astoria | Tel. 01/7 87 64 20 | www.
bazarhostel.com | 11 Zimmer | €

Bródy House ⚑ D 7

Kunst zum Wohnen – Obwohl auch
die Apartments des Bródy House,
über die Stadt verteilt, kleine Einode
sind (die sogar zum Kauf angeboten
werden), sind es doch die Zimmer
in dem Haus direkt neben dem Nationalmuseum, die Kunstliebhaber begeistern werden. Jedes Zimmer ist
dem Werk eines bestimmten Künstlers
nachempfunden, die alle früher ihre
Ateliers in dem Gründerzeitbau hatten. Neben den Räumlichkeiten ist es
aber auch das Flair des Hauses, das
einen gefangen nimmt. Denn im Brody
House kommen Kreative, Intellektuelle
und Interessierte zusammen, um im
anregenden Umfeld neue Ideen zu ent-
wickeln.
VIII. | Bródy Sándor utca 10 | Metro/
Tram/Bus: Kálvin tér | Tel. 01/2 66 12 11 |
www.brodyhouse.com | 11 Zimmer |
€€

Casati Budapest Hotel ⚑ C 6

Viele Stile – eine Einheit – Wer einmal die Entscheidung für das Casati
Hotel gefällt hat, wird wiederkommen.
Allein schon, um alle vier Stilrich-
tungen auszuprobieren, in denen die
Zimmer gehalten sind. Nur eine Quer-
straße von der prachtvollen Andrássy
út entfernt, bilden die Zimmer, egal
ob wohnlich, im Bohème-Stil eingerichtet, puristisch oder luftig, wahre
Oasen der Ruhe. Das Innere des Hotels
wurde gemeinsam mit verschiedenen
ungarischen Künstlern gestaltet. Trotz
der abwechslungsreichen Innenausstattung bildet das Haus eine harmo-
nische Einheit.
VI. | Paulay Ede utca 31 | Metro/Bus:
Opera | Tel. 01/3 43 11 98 | www.casati
budapesthotel.com | 25 Zimmer | €€

11th hour Hostel ⚑ D 7

Für Erlebnishungrige – Im 11th hour
Hostel steht Flexibilität an oberster
Stelle. Egal, ob der Flug zurück erst
am späten Abend geht, der Sinn einem
nach einer guten Kneipe steht oder
man seine Reiseliteratur vergessen hat
oder tauschen möchte, das Team im
11th hour Hostel hilft gern. Selbst
Stadtführungen und einen Fahrradverleih bietet das zentral gelegene Hostel seinen Gästen als kostenlosen Service. Das 11th hour will und kann auf
fast alle Wünsche reagieren.
V. | Magyar utca 11 | Metro/Tram/Bus:
Kálvin tér | Tel. 01/2 66 21 53 | www.
11thhourcinemahostel.com | 8 Zim-
mer | €

Gerlóczy Kávéház ⚑ C 7

In der Jahrhundertwende zu Hause –
Zwar ist die Zeit der k.-u.-k.-Monar-

Individuell gestaltete Zimmer mit hohen Decken und Kunst an den Wänden sind das Markenzeichen des Bródy House (▶ S. 24), wo sich Kreative gerne ein Stelldichein geben.

chie lange vorbei und damit auch die Sternstunde der Kaffeehäuser. Das Gerlóczy Kávéház lässt diese Kultur allerdings wieder aufleben. Und das nicht nur im Café selbst. Trotz der zentralen Lage ist es im zugehörigen Hotel angenehm ruhig und der Blick vom Balkon fast eine eigene kleine Attraktion. Alles in dieser Herberge ist liebevoll und mit Hingabe im Pariser Bohème-Stil eingerichtet, doch wer kann, sollte sich eines der Zimmer mit großzügigem Bad und Badewanne reservieren. Die Messingarmaturen blitzen freundlich, und die Löwenfüße der

Wanne scheinen fast zu schön, um echt zu sein. Wer dann noch den »Gerlóczy Perfect Day« des Hotels in Anspruch nimmt, erlebt mit einer Tour auf einer Fahrradrikscha und einem liebevoll zusammengestellten Picknickkorb Budapest auf eine ganz besondere Art.

V. | Gerlóczy utca 1 | Metro/Bus: Ferenciek tere oder Metro/Tram/Bus: Deák Ferenc tér | Tel. 01/5 01 40 00 | www.gerloczy.hu | 19 Zimmer | €€

Preise für ein Doppelzimmer mit Frühstück:

€€€€ ab 150 €	€€€ bis 150 €
€€ bis 100 €	€ bis 75 €

ESSEN UND TRINKEN

Ungarns Küche ist besonders für Gulasch bekannt.
Doch neben der Spezialität, nach der selbst eine politische Ära
benannt wurde, gibt es weitere kulinarische Besonderheiten wie
Fischsuppe, deftige Fleischgerichte und köstliche Nachspeisen.

Lángos beispielsweise muss man probiert haben. Der in Öl ausgebackene Hefeteigfladen wird zwar oft mit den verschiedensten Belägen angeboten, wirklich »echt« ist er aber nur mit Knoblauchöl und/oder saurer Sahne und Käse. Ein Lángos konkurriert ohne Probleme mit anderen Hauptmahlzeiten, wobei ein **Pálinka** danach manchmal wirklich guttun kann. Pálinka ist das unangefochtene »Geht-immer-Getränk« der Ungarn. Egal, ob vor oder nach dem Essen, als Begrüßungstrunk oder einfach nur so, der Obstbrand, teils mit Honig gesüßt, ist ein echtes »Hungaricum«. Wer gerne Fleisch isst, dem sei **Gulasch** empfohlen. Doch Achtung, Gulasch, wie es in Deutschland häufig gekocht wird, nennt sich im Ungarischen »Pörkölt« und besteht aus Rind oder Schwein, das in pikanter Paprikasauce und dem eigenen Saft oder in Rotwein gekocht wurde. Dem Gulasch namentlich ähnlicher ist Gulyás. **Gulyás** allerdings ist eine

◄ Gutes Essen zu vernünftigen Preisen: das
Fescke presszó (► S. 115) in der Baross utca.

sehr reichhaltige Suppe. Zu allen Schlemmereien wird **Wein** gereicht, denn egal, ob Rot oder Weiß, die Ungarn schätzen die edlen Tropfen. Seit 2002 ist dies sogar hochoffiziell: Die Tokajer Weinregion wurde zum UNESCO-Weltkulturerbe ernannt. Wer es lieber alkoholfrei mag, sollte hausgemachte »szörp« probieren. Die Fruchtessenzen werden mit reichlich Soda gemixt und ergeben erfrischende Getränke.

»RUINENKNEIPEN« UND »KANTINEN«

In Budapest ist das wohl berühmteste »**Ruin-Pub**«, das Szimpla, beheimatet. Diese ganz besondere Art der Kneipe, die zumeist ein gelungener Mix aus urbanem Stil und Trödelmarkt ist, hat Budapest unter Kneipenfreunden auf der ganzen Welt berühmt gemacht. Mittlerweile gibt es in der Innenstadt Budapests fast mehr Pubs dieser Sorte, als es eigentlich nötig wäre, doch trotzdem lohnt sich ein Besuch in einem der weniger stark frequentierten Lokale.

Wer Budapest authentisch erleben will, der suche sich eine der zahlreichen »**Étkezde**«. Oftmals als Familienbetrieb geführt, bieten diese öffentlichen »Kantinen« zumeist zur Mittagszeit bürgerliches und schnörkelloses Essen, dafür aber reichlich und garantiert frisch. Wer es etwas anspruchsvoller, aber trotzdem familiär und authentisch mag, dem seien die »Lakásétterem« empfohlen. Dabei handelt es sich um Restaurants, jedoch in Wohnungen. Es lohnt sich, denn in heimeliger Atmosphäre speist es sich fast wie bei Freunden.

BESONDERE EMPFEHLUNGEN
Angyalosi Lakásétterem   🔖 C1

Wie zu Hause, nur besser – Katalin Angyalosi ging vor fast 20 Jahren nach Deutschland, studierte dort in Heidelberg Literatur und Pädagogik. Aber anstatt sich anschließend in der Wissenschaft oder Wirtschaft zu platzieren, öffnete sie lieber ihr Haus für Gäste. Gekocht wird hier mit Freude am Experimentieren und ausschließlich frischen Zutaten, wobei die Köchin, die Gastgeberin und Kellnerin in Personalunion ist, Wert darauf legt, regionale Produkte und Weine anzubieten. Im Winter im Kaminzimmer, im Sommer auf der Terrasse, genießt man als Besucher die Gastfreundschaft Katalin Angyalosis unbeschwert und gemeinsam mit wenigen anderen Gästen. Denn um das »Zuhause«-Gefühl zu erhalten, sind die Plätze für ein Abendessen im Angyalosi auf zwölf beschränkt. Um teilzunehmen, ist mindestens zwei Tage vorher eine Anmeldung erforderlich.

2040 Budaörs | Bus: Kolozsvàri utca | Tel. 0 30/8 64 27 74 | www.angyalosy lakasetterem.hu | Informationen zu den Abendessenterminen auf der Webseite | €€€€

Bodega ⚑ E 9

Burgerbude der besonderen Art – Imbissbuden haftet der Ruf an, kulinarisch wenig Anspruchsvolles zu bieten. Anders verhält es sich beim Bodega. Denn hier bieten zwei ehemalige Musiker in einem alten Wohnmobil mexikanische Spezialitäten und Hamburger, die nicht nur satt, sondern auch zufrieden machen. Im Industriegebiet des IX. Bezirks gibt es zur Öffnungszeit des Bodega nur wenig, was einen Budapest-Besucher reizen könnte. Im nahe gelegenen Palast der Künste finden erst am Abend Vorstellungen statt, und auch das Kulturzentrum R33 ist zwischen 11 und 16 Uhr für Gäste wenig interessant. Trotzdem lohnt sich der Weg, denn während man einen der saftigen Burger auf der Terrasse verspeist, kann es vorkommen, dass Musiker oder Schauspieler aus den angrenzenden Kulturstätten vorbeischauen, um sich in der Probenpause zu stärken. So macht nicht nur das Essen, sondern auch das Flair das Bodega zu einem echten Insider-Tipp.

VII. | 1095 Soroksári út 58 | Tram: Közvágó híd | xohotrodwear@yahoo.com | Mo–Fr 11–16 Uhr | €

Daubner Konditorei ⚑ B 3

Eine der ältesten Konditoreien Budapests ist die Daubner Konditorei. Seit 1901 wird hier gebacken und verziert und die Kundenschaft verwöhnt. Süßes oder Salziges und sogar hausgemachte Eiscreme gibt es im Szépvölgyi út. Die Budapester wissen um die Qualität der Daubner-Leckereien, deswegen ist es keine Seltenheit, dass sich die Warteschlange bis hinaus auf die Straße zieht. Einen Platz im kleinen Café zu ergattern ist also reine Glückssache. Eine besondere Empfehlung bei Daubner sind die »pogácsa«. Die kleinen herzhaften Gebäcke gibt es mit Käse, mit Quark oder Kürbiskernen, und sie gelten als die besten der Stadt.

II. | Szépvölgyi út 50 | Bus: Ürömi utca oder Kolosy tér | www.daubner cukraszda.hu | tgl. 9–19 Uhr | €

Fellini Római Kultúrbisztró ⚑ nördl. C 1

Dolce Vita am Donauufer – Zugegeben, das Fellini ist mit öffentlichen Verkehrsmitteln schlecht zu erreichen, dafür umso besser mit dem Fahrrad. Wer den Weg, egal, auf welche Art, auf sich genommen hat, der wird mit einem Lebensgefühl belohnt, von dem sich selbst Südeuropäer noch etwas abschauen können. Am Kieselstrand der Donau sitzt man herrlich bequem in niedrigen Liegestühlen, und auf dem Weg zur Bar im alten Zirkuswagen kommt man schnell mit anderen Gästen ins Gespräch. Im Fellini lässt sich der Sonnenuntergang ebenso gut bewundern wie an einem weißen Sandstrand. Bei einer hausgemachten Limonade kann man die Gedanken schweifen lassen, während die Donau ruhig und gemächlich dahinfließt.

III. | Kossuth Lajos Üdülőpart 5 | Bus: Nimród utca | felliniromai@gmail.com | Mo–Fr 15–24, Sa und So 10–24 Uhr

Kéhli 🔖 B 2

Budapester Institution – Ungarische Restaurants, egal, ob im Land selbst oder im Ausland, sehen immer irgendwie gleich aus. Maiskolben-Ketten und getrocknete Paprikaschoten, Kalócsai Blumenmuster an den Wänden, auf Tischtüchern, Salzstreuern, einfach überall und dazu die obligatorischen Zigeunermusiker mit Zimbal und Geige. Zugegeben, das Kéhli hat all das auch, aber im Gegensatz zu vielen anderen Restaurants wirkt es hier, weit weg von der Innenstadt, weder aufgesetzt noch übertrieben. Obwohl die Küche typisch ungarisch ist, spricht das Personal mehrere Sprachen und ist so auch auf internationales Publikum eingestellt. Ob deswegen oder wegen der urgemütlichen Gastlichkeit, ist nicht bekannt, aber das Gästebuch des Kéhli ist beeindruckend. Im Laufe der Jahrzehnte bewirtete das Gasthaus Hollywoodgrößen wie Woody Allen, Sir Roger Moore und Jean-Claude van Damme genauso wie Stars und Sternchen aus der Musikwelt. So speisten u. a. die Scorpions und Sister Sledge in der Mókus utca. Und ein Restaurant, das von Expräsident Jimmy Carter gleich zweimal besucht wurde und das auch Altkanzler Helmut Kohl mit seinem Gefolge verköstigte, ist sicherlich nicht zu verachten.

III. | Mókus utca 22 | Bus: Kiscelli utca | www.kehli.hu | tgl. 12–24 Uhr | €€€

Weitere empfehlenswerte Adressen finden Sie im Kapitel **BUDAPEST ERKUNDEN**

Preise für ein dreigängiges Menü:

€€€€	ab 33 €	€€€	bis 33 €
€€	bis 16 €	€	bis 10 €

Das typisch ungarische Ambiente des traditionsreichen Restaurants Kéhli (▶ S. 29) wird dienstags bis samstags von vier Musikern umrahmt, die Zigeunermusik spielen.

Im Fokus
Romani Platni

Als Besucher in Budapest wird man wohl nur in den seltensten Fällen viel weiter in den IX. Bezirk vordringen als bis zum Trafó-Theater. Aber wer einmal in die Welt des Wohnungsrestaurants Romani Platni eingetreten ist, den wird diese nicht wieder loslassen.

Das Romani Platni ist das erste Zigeuner-Wohnungsrestaurant Ungarns. Eigentlich startete es als Sozialprojekt. Die Idee dazu hatte die Sozialarbeiterin Kriszta Nagy, die hier im Bezirk auch die Lernstube für Kinder mitbetreut. Der IX. Bezirk gilt als einer der Problembezirke der Stadt, die Arbeitslosenquote ist hoch, es gibt zum Teil extrem verfallene Straßenzüge und solche, in denen nur Angehörige der größten Minderheit des Landes, sprich »Zigeuner«, leben. Das Problem ist vielschichtig, und seit der Wende hat es bisher keine Regierung geschafft, diese sozial und wirtschaftlich weit abgeschlagene, dafür aber am schnellsten wachsende Bevölkerungsgruppe zu verstehen, geschweige denn zu integrieren. In der Bevölkerung herrschen ungemein viele Vorurteile und Ressentiments gegen die Roma vor, politisch gibt es immer wieder harsche Diskussionen, da Rechtspopulismus in Ungarn derzeit salonfähig ist.

Ganz still und ohne viel Getöse startete in einer Zeit, in der Vorurteile gegen Minderheiten in bestimmten ungarischen Kreisen zum guten Ton

◄ Im Wohnungsrestaurant Romani Platni
(► S. 30) wird den Gästen Suppe serviert.

gehören, das »Projekt Platni«, wie es Kriszta Nagy liebevoll nennt. Die Idee dazu kam ihr ganz spontan: »Ich stand mit einer Kollegin vor der Lernstube, und wir unterhielten uns, und irgendwie kam das Gespräch darauf, dass wir, obwohl wir jeden Tag mit den Kindern und ihren Eltern hier verbringen, nicht wissen, was typische Gerichte und Geschmäcke bei ihnen sind.« »Zigeunermusik« kennt man, »Zigeunerschnitzel« auch, aber was kommt bei einer typischen Großfamilie im IX. Bezirk bei einer Familienfeier auf den Tisch? Diese Überlegung gab den Anstoß zum Romani Platni. Kriszta Nagy fasst das Konzept, das hinter dem Wohnungsrestaurant steht, zusammen: »Wir möchten einfach Grenzen abbauen, indem wir positive Vorurteile bestärken.« Denn die Kinder aus der Lernstube müssen Tag für Tag mit negativen Vorurteilen kämpfen. Sozialarbeiterin Nagy weiß: »Viele unserer Kinder, die wir hier in der Lernstube betreuen, sind fleißige Schüler und haben gute Noten. Trotzdem haben sie enorme Schwierigkeiten, eine Arbeit zu finden.« Oft ist es schon der Familienname, der einer Anstellung im Wege steht. Typische Roma-Namen wie »Lakatos« oder »Kolompár« fallen bei Personalern oft direkt durch. »Dabei wollen unsere Schulabgänger arbeiten«, beteuert Kriszta Nagy.

TOLERANZ GEHT DURCH DEN MAGEN

Doch wie soll man mithilfe eines Restaurants gegen Vorurteile kämpfen? Hintergründig und erfolgreich, denn beim Romani Platni geht es nicht um dick aufgetragene Political Correctness. Vielmehr ist es die Natürlichkeit, mit der alles im Romani Platni passiert, die erst der Seele guttut und erst später zum Bewusstsein führt, was da eigentlich passiert. Das Geheimnis sind die vier Köchinnen, keine von ihnen ist Profi wohlgemerkt. Es sind berufstätige Mütter, die sich bereit erklärt haben, am Experiment »Wohnungsrestaurant« teilzunehmen. Gemeinsam bekochen sie die Gäste. Und auf den Tisch kommt nur authentisch Selbstgemachtes. Da ist beispielsweise das immer frisch gebackene »bodag«, Zigeunerbrot aus Mehl, Wasser, Backpulver und Schweinefett, das zu jedem Essen gereicht wird. Malvi néni (Tante Malvi), die Älteste der Köchinnen, bäckt das »bodag« seit langer Zeit immer nach dem selben Rezept, man sieht ihren Händen die vielen Stunden des Teigknetens an. Teri, Baba und Magdi sind Frauen mittleren Alters und berufstätig, das

Romani Platni ist ihnen eine Herzensangelegenheit. Denn hier haben sie die Chance, sich und ihre Kultur vorzustellen. »Der einfachste Weg, mit einer anderen Kultur in Kontakt zu kommen, ist, glaube ich, die Nahrung«, sagt Sozialarbeiterin Nagy. Denn Nahrung ist unverbindlich, ein Restaurantbesuch verpflichtet nicht, man isst, genießt und geht. Etwas anders geht es im Romani Platni zu. Wer hier Platz nimmt, fühlt sich schnell wie zu Gast bei Freunden. Teri, Baba, Magdi und Malvi néni servieren die drei Gänge und können dabei nicht aus ihrer Haut als Familienmütter heraus. Insbesondere Herren bieten sie immer wieder mit liebevollem Nachdruck einen Nachschlag an. Dass es dabei immer mal wieder zu kleinen Holprigkeiten kommt, stört die gute Stimmung keinesfalls, im Gegenteil. Eben weil die Hausherrinnen gemeinsam mit dem Projekt Romani Platni angefangen haben, sich weiterzubilden. »Seien wir ehrlich, jeder weiß, wie ein Tisch gedeckt sein muss, wenn die Familie kommt, aber für »fremde Gäste« einzudecken ist doch etwas anderes«, sagt Köchin Baba. Das positive Vorurteil der Gastfreundschaft erleben die Gäste hier hautnah. Der familiäre Eindruck wird noch bestärkt durch die offene Küche, in der das Abendessen zubereitet und die Teller befüllt werden. Und das ist ein tolles Extra, denn man kann nicht nur bei etwas früherem Erscheinen den Köchinnen über die Schulter schauen, sondern die Düfte, die im umfunktionierten Kinder- und Jugendtreff schon am Nachmittag aus der offenen Küche strömen, lassen einem unweigerlich das Wasser im Mund zusammenlaufen. Die Zigeunerfrauen kochen würzig und reichhaltig, eine Gemeinsamkeit mit der ungarischen Küche. Diese Erkenntnis machen auch die Gäste des Restaurants immer wieder. Und schon ist der erste Schritt in Richtung der Einsicht »wir sind uns doch ähnlicher als gedacht« getan.

ZIGEUNERMUSIK

Ein weiteres positives Vorurteil, mit dem das Romani Platni arbeitet, ist die Musikalität von Zigeunern. Wohl jeder hat schon einmal Zigeunermusik gehört – und sei es nur die Oper »Die Csárdásfürstin« von Emmerich Kálmán. In den meisten ungarischen Restaurants im In- und Ausland gehört eine Musikergruppe mit Geige, Cimbalom und Kontrabass zum festen Unterhaltungsprogramm. Im Romani Platni gibt es zwar auch Livemusik, diese wird aber von den Kindern einer der Köchinnen, Teri, vorgetragen. Tochter Sandy hat nie eine Gesangsstunde gehabt, und ihre Brüder haben sich selber das Gitarrespielen beigebracht. Doch wenn Sandy ansetzt und die »Cigány himnusz« (Hymne der Zigeuner) singt, wird es still, die Gespräche verstummen und Passanten, die am Restaurant vorbeigehen, bleiben stehen. Doch zum Glück ist die Musik trotz aller Melancholie auffordernd, und so dauert es nicht lange, bis Malvi néni aufsteht und mit den Fingern einen Takt schnipsend und mit den Füßen einen anderen Takt tanzend den Platz vor den drei Musikern einnimmt. Nun dauert es meist nicht mehr lang, bis auch ein oder zwei andere Köchinnen und auch die Gäste sich zum Tanz erheben. Dieser Moment ist es, der die Grenzen im Kopf einstürzen lässt und der ebenso natürlich Teil des Abends im Romani Platni ist wie das Essen und die gute, gelöste Stimmung.

UNERWARTETER ERFOLG

Mittlerweile gibt es fast wöchentlich Abendessen im Romani Platni, dabei startete das Projekt im März 2012 als Sozialexperiment. Kriszta Nagy erinnert sich:»Wir hatten die Idee und hatten uns finanzielle Schützenhilfe über eine Ausschreibung gesichert.« Eineinhalb Jahre sollte das Projekt unterstützt werden und in dieser Zeit 300 Gäste bewirten. Aber schon im ersten Monat überschritt das Wohnungsrestaurant diese Zahl, und mittlerweile kommt es nicht nur ohne Zuschüsse aus, sondern könnte irgendwann auch Gewinn abwerfen. Denn bisher kochen alle Frauen dort freiwillig in ihrer Freizeit.»Unsere Ehemänner sind uns dabei eine große Hilfe und unterstützen uns, wo sie nur können«, erklärt die Köchin Magdi. Und hier wird noch ein Vorurteil – allerdings in unerwarteter Form – bestätigt. Denn die Ehemänner der vier Köchinnen sind ungemein stolz. Stolz auf ihre Frauen. Keine Spur von Machogehabe oder Ähnlichem, im Gegenteil. Als das Romani Platni im Jahr 2013 mit dem österreichischen SozialMarie-Preis für soziale Innovation ausgezeichnet wurde, war die Freude bei allen Beteiligten und Angehörigen überwältigend. Das Romani Platni ist mittlerweile von einem Sozialprojekt zu einem festen Bestandteil der ungarischen Roma-Kultur geworden. Hier haben Besucher aus dem In- und Ausland die Möglichkeit, zumindest einen Abend lang Teil der sonst sehr verschlossenen Roma-Gemeinschaft zu sein. Das Wohnungsrestaurant beweist eindrucksvoll, dass kultureller Austausch immer auch ein Dialog ist, der sich hier mit dem Romani Platni auch noch äußerst wohlschmeckend präsentiert.

Romani Platni   E 8
IX. | Tűzoltó utca 33 | Metro: Klinikák |
www.romaniplatni.blogspot.hu

Grüner reisen
Urlaub nachhaltig genießen

Wer zu Hause umweltbewusst lebt, möchte vielleicht auch im Urlaub Menschen unterstützen, denen ein verantwortungsvoller Umgang mit der Natur am Herzen liegt. Empfehlenswerte Projekte, mit denen Sie sich und der Umwelt einen Gefallen tun können, finden Sie hier.

Die Ungarn rühmen sich gern ihrer Kreativität und ihrer Fähigkeit, selbst aus dem Nichts etwas aufbauen zu können. Tatsächlich ist die Stadt voller Initiativen, die »von unten« kommen. Bekanntestes Beispiel ist die Ruinenkneipe Szimpla. Hier ist aus einem unbewohnbaren Haus eine international bekannte Szenekneipe geworden. Aber auch anderweitig gilt in Ungarn »aus Alt mach Neu« und aus der Not eine Tugend. Daraus sind Ideen und Geschäfte entstanden, die das Flair Budapests entscheidend mitgestalten und verschönern. Dabei ist der Gedanke des »Grünen« an vielen Stellen zweitrangig, vielmehr geht es darum, das Vorhandene bestmöglich zu nutzen, denn wer weiß, wann es für etwas Neues reicht. Diese Mentalität rührt noch aus Zeiten des Kommunismus und hält sich bis heute standhaft in der ungarischen Gesellschaft. Der Gedanke des Wiederverwertens findet sich in allen, also wirklich allen Bereichen wieder. Egal, ob Mode, Freizeitgestaltung oder Inneneinrichtung – die Ungarn haben der Wegwerfmentalität den Kampf angesagt.

ESSEN UND TRINKEN

Cserpes tejivó

Es war István Cserpes, der vor 20 Jahren beschloss, ein Unternehmen zu gründen – entgegen aller negativen Prognosen. Nach den Schwierigkeiten der Anfangsjahre hat sich die Cserpes Sajtmühely (Käsewerkstatt) zu einer echten Größe entwickelt. Das Unternehmen setzt auf die Verarbeitung heimischer Erzeugnisse, ohne den Zusatz künstlicher Konservierungs- oder Geschmacksstoffe. Aus dem kleinen Familienunternehmen ist mittlerweile ein beachtliches mittelständisches Unternehmen geworden, dessen Produkte aus der Küche vieler Ungarn heute einfach nicht mehr wegzudenken sind. Weil sich aber aus Milch so viel Leckeres herstellen lässt, gibt es seit einiger Zeit auch sogenannte Tejívó, also Lokale, in denen neben den klassischen Kaffeespezialitäten (natürlich mit Cserpes-Milch gereicht) auch hauseigener Joghurt, Eis, Milchshakes und Sandwiches angeboten werden.

www.cserpestejivo.hu | Mo–Sa 7.30–22, So 9–20 Uhr | €

– V. | Sütő utca 2 | Metro/Tram/Bus: Deák Ferenc tér C 6

– VIII. | Corvin köz | Metro/Tram: Corvinnegyed D 8

– XI. | Allee Einkaufszentrum | Tram/Bus: Újbuda Központ C 9

Margitutca 9 B 4

Wäre da nicht das Schild über dem Eingang, man könnte glatt am Etablissement mit dem Namen »Margitutca 9« vorbeilaufen. Dabei lohnt sich ein Blick zwischen die Häuser, denn hier verbirgt sich eine der wohl angenehmsten und freundlichsten Kneipen der ganzen Stadt. Wo einst ein Wohnhaus stand, erwarten heute offene und überdachte Terrassen einkehrende Gäste. Dabei kann in der Nummer 9 schon ab den Morgenstunden gegessen und gesessen werden. Zum Mittag empfiehlt sich etwas aus dem hauseigenen Steinofen. Doch das Margitutca 9 hat mehr zu bieten als nur schmackhaftes Essen. So verwandelt es sich beispielsweise am Wochenende in einen Bio- und Flohmarkt, auf dem nach Herzenslust gestöbert und gekauft werden kann. Am Abend lädt das Lokal – je nach Angebot und Nachfrage – zu Filmvorführungen (oft Original mit Untertitel), Workshops oder anderen Vorführungen ein. Denn obwohl der Garten natürlich jedem offensteht, sind es vor allem die Stammgäste, die das Programm vorschlagen. Das eigentlich Spannende am Margitutca 9 ist, dass man nie genau weiß, was einen erwartet. Wo im Sommer noch frisches Obst und Gemüse gut gekühlt auf hungrige Käufer wartete, findet man am nächsten Tag vielleicht einen Glasbläser oder Schmuckkünstler, der seine Kostbarkeiten aus besonderen Materialien fertigt.

II. | Margit utca 9 | Tram/Bus: Margit híd (budai hídfő) | Tel. 00 36/30/4 66 51 48 | Laden: Mo–Fr 11–19, Sa und So 9–17 Uhr, Bar: tgl. 16–?? Uhr | € €€

Monterosa Kaffeerösterei

Die Ungarn haben einen eigenen Begriff für den hier typischen Kaffee, genannt »kis fekete«, was so viel bedeutet wie »kleiner Schwarzer«. Es ist unbestritten, dass im Land der Magyaren viel Wert auf guten Kaffee gelegt wird. Die Kaffeerösterei Monterosa möchte

ihren Beitrag dazu leisten. In dem familiengeführten Unternehmen werden seit Generationen die aus kontrolliertem Anbau stammenden Bohnen geröstet. Hier kommt jeder Sorte die benötigte Fachkenntnis und Zeit zu, denn ähnlich wie bei einem guten Wein ist auch beim Kaffee nicht jede Sorte gleich, die Röstverfahren unterscheiden sich mitunter mehr als gedacht. Csaba Gulyás und seine Frau Judit Erberling starteten die Kaffeerösterei aus dem Wunsch heraus, mehr Zeit für die Familie zu haben. Mittlerweile verkaufen sie ihre exklusiven Röstungen an handverlesene Cafés. Bevor es jedoch so weit ist, wird das bestellende Café zuerst einer »Prüfung« unterzogen. Gibt es dort eine Kaffeemaschine, mit der man die bestellte Bohnensorte gut zubereiten kann? Passt der Kaffee zum Café selbst, oder würde eine andere Sorte vielleicht besser zur Geltung kommen? So ist der Aufwand im Vorfeld zwar größer, aber die Gäste erhalten dafür die Gewissheit, dass hier exquisiter Kaffee mit großem Fachwissen nicht nur geröstet wurde, sondern auch gebraut wird. Und einmal probiert, wird man dies auch zu schätzen wissen. Monterosa-Kaffee wird u. a. hier gebraut:
– Kolor Bar: VII. | Király utca | Metro/ Tram: Deák Ferenc tér | www.kolor projekt.hu | tgl. 12–4 Uhr | €   🚲 C 6
– Rézkakas: V. | Sas utca 3 | Metro: Bajcsy-Zsilinsky út | www.rezkakasbistro. hu | tgl. 12–24 Uhr | €€€   🚲 C 6

AKTIVITÄTEN

Recikli   🚲 A 9
Budapest ist zweifelsfrei eine Fahrradstadt. Beste Voraussetzung also für einen Fahrradladen. Im Recikli ist der Name Programm, denn hier wird gebrauchten, alten Fahrrädern (ungarisch »bicikli«) wieder zu neuem Glanz verholfen. Zwei ehemalige Kurierfahrer gründeten das Geschäft mit dem Gedanken, dem Trend des immer Neuen die Stirn zu bieten. Denn, so sagen sie, ein alter Rahmen muss keineswegs schlechter sein als ein neues Produkt. So wird im Recikli nur das neu aus der Verpackung verbaut, was wirklich nicht »second hand« lösbar ist. Beide Besitzer wissen aus jahrelanger Erfahrung als Fahrradkuriere (auch in London) gute, gebrauchte Ersatzteile zu schätzen. Dabei entstehen Räder, wie sie persönlicher nicht sein können. Denn gebaut wird am liebsten auf Bestellung. Trotzdem gibt es auch für Bestellungen bestimmte Regeln. So verlässt nichts den Laden, was nicht zu 100 % getestet und für gut befunden wurde – und außerdem authentisch ist. Denn die Mechaniker sind verliebt in jedes einzelne Rad und hängen ihr Herz an alles, was sie für ihre Kunden zusammenstellen. Selbstversändlich sind im Laden auch fertige Drahtesel vorhanden, die u. a. auch gerne verliehen werden.
Wer sich nicht allein auf den Weg machen möchte, kann über den Laden geführte Fahrradtouren buchen. Die Ziele sind dabei variabel, neben den weniger bekannten Ecken der Innenstadt sind auch Ausflüge ins Umland möglich. Egal, wohin es geht, mit einem mit Liebe gebauten Fahrrad ist der Weg gleich doppelt so schön.
XI. | Bartók Béla út 117–121 | Tram: Karolina út | Tel. 0 70/5 20 99 53 | www.recikli.hu

WELLNESS

Ilcsi-Kosmetik

Einfach mal einen Gang zurückschalten, darum geht es im Urlaub. Wer neben seiner Seele auch seiner Haut etwas Gutes tun möchte, der sollte einen der zahlreichen Ilcsi-Schönheitssalons aufsuchen. Die Firma Ilcsi wurde Ende der 1950er-Jahre von einer leidenschaftlichen Kosmetikerin, Tante Ilcsi, gegründet und ist mittlerweile auch über die Grenzen Ungarns hinaus bekannt. Die Kosmetikprodukte sind zu 100 % natürlich und frei von Konservierungs- oder anderen Zusatzstoffen, und auch Tierversuche lehnt das Unternehmen kategorisch ab. Alle Inhaltsstoffe stammen von lizenzierten ungarischen Biobauern, wobei Ilcsi mittlerweile sogar selbst anbaut, um den eigenen Bedarf zu decken. Dabei entwickelt die Firma stets neue Produkte, um auf die wechselnden Bedürfnisse reagieren zu können. Denn schon Tante Ilcsi (Ilcsi ist die Kurzform von Ilona) wusste, für jedes Hautproblem gibt es eine Lösung in der Apotheke der Natur. Dabei sind die Cremes, Lotionen und Peelings das Ergebnis jahrelanger Forschung, deren Anwendung auch mit speziellen elektronischen Hilfsmitteln unterstützt wird. Die Firma Ilcsi betreibt selbst keine Salons, jedoch müssen Kosmetikerinnen spezielle Schulungen und Lehrgänge durchlaufen, ehe sie mit den Produkten des Unternehmens arbeiten dürfen. Insofern kann ruhigen Gewissens aus der Vielzahl der Salons gewählt werden. Eine Liste der Salons ist auf der Homepage des Unternehmens zu finden.

www.ilcsi.com | Salons in Auswahl:
– Chic Kozmetika: VI. | Hedegű utca 6 | Metro/Tram: Oktogon | www.chic kozmetika.hu | Mo–Fr 9–20 Uhr ⚑ D 6
– Star Saloon: XII. | Maros utca 4 | Metro/Tram: Déli pályaudvar | Tel. 0 30/5 53 36 18 | csilla.kardos@csillagszalon.hu | Mo–Fr 8–20, Sa 8–13 Uhr ⚑ A 6

Täglich frisch zubereitet werden die Produkte, die in der Milchbar Cserpes tejivó (▶ S. 35) angeboten werden, denn Inhaber Istvan Cserpes verzichtet bewusst auf Konservierungsstoffe.

EINKAUFEN

In einer Stadt wie Budapest lässt es sich nicht nur herrlich entspannen, sondern noch besser einkaufen. Dabei sind es neben den hier vertretenen Weltmarken vor allem die ungarischen Besonderheiten, die als Mitbringsel und Andenken zu Hause Freude bereiten.

In Ungarn gibt es außer den zahlreichen Weinen noch viel mehr, was Leib und Seele verwöhnt. Überraschenderweise gibt es neben den Budapester Schuhen vor allem Exklusives aus dem Rest des Landes. Da wäre beispielsweise das Kalócsai-Blumenmuster aus der gleichnamigen südungarischen Stadt zu nennen, das sowohl farbig als auch in edlem Weiß auf Tischtüchern und Bettwäsche in Handarbeit gestickt daherkommt.

VERTRAUEN SIE IHREM AUGE!

Doch Vorsicht, denn es gibt viele Schwindler. Vor allem an zentralen Touristenpunkten wie der Großen Markthalle oder in der Einkaufsstraße Váci utca gibt es ein schier unüberschaubares Angebot. Leider findet man hier nur selten wirklich gut gemachte Decken, denn beim farbigen Kalócsai-Muster gibt es traditionell strikte Vorgaben, welche Farben miteinan-

◀ Inmitten seiner Waren sitzt ein Verkäufer
auf dem Flohmarkt am Ecseri út (▶ S. 128).

der kombiniert gestickt werden. Der Unterschied ist für Nicht-Ungarn nur schwer zu erkennen. Verlassen Sie sich hierbei auf Ihren Geschmack. Scheinen die Decken zu bunt, die Blumen in sich nicht harmonisch, können Sie fast mit Sicherheit davon ausgehen, dass hier wenig traditionsbewusst gearbeitet wurde.

Weniger schwer zu erkennen, ob gut oder weniger gut gemacht, ist es dagegen bei Lederwaren. Denn auch diese haben in Ungarn Tradition, und das ein oder andere Schnäppchen kann auch hier ergattert werden. Wer mit offenen Augen über die Märkte schlendert, findet sicher etwas für sich. Dabei ist es in Ungarn auf Märkten nicht üblich, den Preis zu verhandeln. Einzig Flohmärkte bilden hier eine Ausnahme, auf diesen ist es hingegen fast eine Pflicht, zu feilschen, was das Zeug hält. Bitte beachten Sie jedoch, dass insbesondere auf Märkten und Flohmärkten Taschendiebe vermehrt ihr Unwesen treiben.

MODEBOUTIQUEN UND CONCEPT STORES

Was man in Budapest auf keinen Fall verpassen darf, ist die sich stetig wandelnde Gemeinde junger Modedesigner. Konzentriert vor allem im V. Bezirk, stolpert man fast an jeder Ecke in einen Shop. Die Spanne reicht dabei von klassisch-elegant bis zu rockig-alternativ. Groß in Mode sind in Budapest auch »concept stores«, also Geschäfte, in denen sich mehrere Designer die Ladenfläche teilen. Diese haben den Vorteil, dass durch das unterschiedliche Design mehr Auswahl besteht. Ein solcher Shop ist beispielsweise die Black Box von Viki Bajcsai.

MANUFAKTUREN

In Ungarn gibt es gleich zwei Porzellanmanufakturen von Weltrang. Zum einen das Zsolnay-Werk im südungarischen Pécs, zum anderen das Herend-Werk in der gleichnamigen Stadt. Beide Manufakturen stehen für edelste Gedecke und zeitloses Handwerk. Der Farbstoff Eosin (benannt nach dem griechischen Wort für Morgenröte) ist es, der die Stücke der Manufaktur Zsolnay, die bis heute in Handarbeit gefertigt werden, so besonders macht. Der Grundton ist dabei oftmals Grün, allerdings schimmern die Vasen, Schalen und Schmuckstücke, die mit dieser Lasur behandelt werden, in allen Farben der Morgenröte. Einige Dächer der ungarischen Hauptstadt sind bis heute mit Dachziegeln aus Pécs verziert.

Nicht weniger prächtig sind die Stücke der ältesten Porzellanmanufaktur Ungarns in Herend. Wie auch im Zsolnay-Werk wird für das Herender-Porzellan alles per Hand gefertigt. Zwar gibt es immer mal wieder Stücke der Manufakturen auf Flohmärkten, aber auch hier gilt Vorsicht, denn Fälschungen sind keine Seltenheit. Wer auf Nummer sicher gehen will, kauft im Markengeschäft.

BUDAPESTER SCHUHE

Die »Budapester« sind wohl jedem ein Begriff. Das Lochmuster auf Schuhen ist einzigartig und weltbekannt. Und wenn man sich schon in der Heimatstadt dieser Schmuckstücke für die Füße befindet, was läge näher. Budapest bietet gleich zwei Geschäfte, in denen man sich umsehen kann. Wohl auch über die Grenzen des Landes hinaus bekannt ist das Geschäft des Schuhmachers László Vass. Etwas außerhalb und weit weniger bekannt ist die Schuhmanufaktur Heinrich Dinkelacker. Schon seit 1879 fertigt das deutsche Unternehmen Schuhe nach dem klassischen Vorbild – und seit einiger Zeit auch in Budapest selbst.

BESONDERE EMPFEHLUNGEN

DESIGN
Retrock C 6
Auf der Suche nach Ausgefallenem, Altem oder einfach nur Skurrilem ist das Retrock die beste Adresse. Das nicht mehr ganz neue, dafür umso erfolgreichere Start-up bietet jungen ungarischen Designern die Möglichkeit, sich zu präsentieren, und kombiniert dies mit einem charmanten, anspruchsvollen Secondhandshop.
VI. | Anker köz 2 | Metro/Tram: Deák Ferenc tér | www.retrock.com | Mo–Fr 11–21, Sa und So 11–20 Uhr

MODE
Black Box Concept Store C 7
In der Blackbox gibt es neben dem eigenen Label IMOGEN von Inhaberin und Modedesignerin Viki Bajcsai auch Schmuck, Schuhe und Taschen der Marken agneskovacs, Dyan, Balilla, Dénes Peta, Papp Laura, 1min1 und Aronn.
V. | Irányi utca 18 | Metro/Bus: Ferenciek tere | www.blackboxconceptstore.tumblr.com

PORZELLAN
Herender Porzellan C 6
Das Herender Porzellan ist vor allem für seine Figuren bekannt. Einzigartig ist, dass auch auf persönliche Bestellung gefertigt wird. Man wählt eine Figur, ein Tafelservice und eine Farbe sowie ein Muster aus, fertig ist das Einzelstück.
Apponyi Márkabolt: V. | József Nádor tér 11 | Bus: Hild tér | www.herend.com

Zsolnay Porzellan C 4
Das Zsolnay Werk bietet seit Ende des 19. Jh. Tafelgedecke, Schmuck, Kacheln

und sogar Springbrunnen. Dabei sind es vor allem das Ginkho-Motiv und eine spezielle Lasur, die typisch für die Pécser Manufaktur sind.

Zsolnay Márkabolt: XIII. | Pozsonyi út 11 | Tram: Jászai Mari tér | www.zsolnay.hu

SCHUHE

Dinkelacker-Schuhe südwestl. A 10

Weit ab vom Stadtzentrum findet sich die Manufaktur, in der in kleinteiliger Handarbeit auf Bestellung gearbeitet wird. Zugegeben, ein Paar Budapester aus dem Hause Dinkelacker ist sicherlich nicht das kostengünstigste Mitbringsel, doch bei richtiger Pflege kann solch ein Schuh mehrere Jahrzehnte Ihr treuer Begleiter sein. Im Shop neben der Manufaktur kann man sich vom deutschsprachigen Personal beraten lassen und auch einen Blick auf die Arbeit der Schuster werfen.

XXII. | 1225 Március 15. utca 1–3 | Bus: Petőfi Sándor utca | www.heinrich-dinkelacker.de

Vass-Schuhe C 7

Mit Liebe zur Tradition und zum Handwerk fertigt Vass Schuhe für Herren und Damen. Das Geschäft im Stadtzentrum bietet aber neben den klassischen »Budapestern« auch anderes, nicht minder elegantes Schuhwerk. Dabei gibt es sowohl fertige Modelle als auch die Möglichkeit, sich Schuhe nach Maß anfertigen zu lassen.

V. | Haris köz 2 | Metro/Bus: Ferenciek tere | www.vass-cipo.hu

Weitere Geschäfte und Märkte finden Sie im Kapitel BUDAPEST ERKUNDEN.

Für die Anfertigung der maßgeschneiderten Schuhe aus dem Hause Vass (▶ S. 41) werden sogar die Lebensgewohnheiten des künftigen Trägers unter die Lupe genommen.

KULTUR UND UNTERHALTUNG

Budapest gilt zu Recht als Kulturhauptstadt, und das nicht nur wegen des über die Landesgrenzen hinaus bekannten Frühlingsfests. Vor allem die großen Bühnen tragen zum Renommee der Stadt bei, wobei Tanzaufführungen besonders herausragen.

Zwar gilt das Ballett in der nordungarischen Stadt Győr als bestes zeitgenössisches Ensemble des Landes, jedoch wird auch in Budapest neben den großen traditionellen Ballettaufführungen einiges geboten.

GROSSES KÖNNEN IN ALTEN GEMÄUERN

Ein Blick in die Spielpläne der großen Bühnen offenbart, dass hier auch immer dem Flair des Hauses Rechnung getragen wird. Selbstverständlich wird in der Staatsoper klassisch und in Tutu und Spitzenschuhen getanzt. Das Ensemble wird derzeit von Tamás Solymosi geleitet. Kennern des klassischen Balletts dürfte Solymosi auch von heimischen Bühnen bekannt sein, tanzte er doch u.a. als Solist in der Berliner und der Bayrischen Staatsoper. Seine präzise, fast zur Pedanterie neigende Persönlichkeit schlägt sich auch im Ensemble nieder, selten wurde so technisch

◀ Beeindruckendes Foyer: der 2005 eröffnete
Palast der Künste im IX. Bezirk (▶ S. 44).

sauber und stilistisch sicher getanzt. Wer eine Karte für einen Ballett-
abend in der Staatsoper erwirbt, wird nicht enttäuscht werden.

MODERNES AUF WELTNIVEAU

Während im Opernhaus das Ballett der alten Schule dominiert, gibt es
auch namhafte Vertreter des zeitgenössischen Tanzes. Yvette Bozsik ist
eine von ihnen. Die mehrfach auch international ausgezeichnete Tänze-
rin leitet heute nunmehr ihr eigenes Ensemble und bringt Wiederauf-
nahmen von Klassikern, aber auch eigene Choreografien auf die Bretter,
die die Welt bedeuten. Ihre Stücke sind vorrangig im Nationalen Tanztheater und im Trafó zu sehen.

Doch eine Kosmopolitin wie Budapest zieht natürlich auch immer wieder große, bekannte oder einfach nur einzigartige Ensembles, Kompa-
nien und Crews an. Erste Anlaufstelle und keinesfalls außer Acht zu lassen ist das Trafó. Dabei ist es fast egal, was gezeigt wird, denn was hier auf
die Bühne kommt, ist auf jeden Fall sehenswert. Aber Achtung: Skurriles
ist nicht ausgeschlossen!

Generell gilt, dass es in Budapest wirklich für alles eine Bühne und auch
ein Publikum gibt. Und gerade weil Ungarns Hauptstadt immer mehr
Ausländer anlockt, sowohl als Urlaubsziel als auch als Wohnort, gibt es
auch immer mehr fremdsprachige Vorstellungen, wobei es vor allem das
Englisch sprechende Publikum ist, das hier im Vorteil ist.

BESONDERE EMPFEHLUNGEN

OPER

**Magyar Állami Operaház
(Ungarische Staatsoper)** ✈🚶 D 5

Schon von außen ist die Oper ein
Schmuckstück. Das imposante Gebäude im Stil der Neorenaissance wurde
nach Plänen des Architekten Miklós
Ybl, der auch für verschiedene andere Gebäude der Stadt verantwortlich
zeichnet, Ende des 19. Jh. erbaut. Steht
man davor, kann man sich fast bildlich
vorstellen, wie die Damen und Herren
zu Zeiten der Habsburger in ihren feinen Gewändern zwischen zwei Akten
auf dem Balkon über dem Haupt
eingang frische Luft schnappten. Daran hat sich bis heute nicht viel geändert, denn die Oper ist noch immer
das einzige Haus mit einem eigenen
festen Ensemble jeweils für Oper und
Ballett. Und dies kann sich sehen und
hören lassen. Insbesondere Ballettaufführungen sind zu empfehlen, denn
bis heute wird in der Tanzausbildung
viel Wert auf technisch einwandfreie

Ausführung und grazile Perfektion gelegt. Leider sind Karten für besonders beliebte Stücke schnell vergriffen, es lohnt sich also vielleicht schon im Voraus den Spielplan zu studieren. Wer keine Karten bekommen hat, sollte sich nicht grämen. Ein Besuch der Oper lohnt sich auch ohne Vorstellung, denn das Innere des Hauses ist so prachtvoll, dass es mittlerweile auch Führungen außerhalb der Vorstellungszeiten gibt.
VI. | Andrássy út 22 | Metro: Opera | Tel. 01/3 53 01 70 | www.opera.hu, www.operavisit.hu | Kartenschalter tgl. 11–17 Uhr, fremdsprachige Führungen tgl. 15 und 16 Uhr | Führung 2900 Ft, Kinder 1900 Ft

KONZERTE
Liszt Ferenc Zeneakadémia (Franz-Liszt-Musikakademie) 📖 D 6
In Sichtweite der Oper befindet sich die zweite musikalische Instanz Budapests, die Liszt Ferenc Zeneakadémia. Erst vor Kurzem frisch renoviert, erstrahlt die ehrwürdige Akademie in altem Glanz. In Sachen Prunk steht die Akademie der Oper in nichts nach, insbesondere der große Konzertsaal beeindruckt viele Besucher nicht nur durch die unbeschreiblich klare Akustik. Auch die Voit-Orgel, die fast die gesamte Breite der Bühne einnimmt, versetzt in Staunen. Leider erklingen derzeit nicht mehr die Register der deutschen Firma Voit und Söhne, sondern nach einem Umbau 1909 neu eingefügte Pfeifen aus dem Ludwigsburger E.-F.-Wacker-Werk. Doch auch Konzerte ohne die Orgel sind ein Genuss. Besonders empfohlen seien die Abschlusskonzerte der jungen Musiker der jeweiligen Jahrgänge.

VI. | Liszt Ferenc tér 8 | Metro/Tram: Oktogon | www.zeneakademia.hu | Tel. 01/3 21 06 90 (Kartenbestellung) | Mo–So 11–18.30 Uhr | Karten von 900 Ft bis 10 000 Ft

Művészetek Palotája (Palast der Künste) 📖 D 9
Von außen betrachtet, wirkt der Palast der Künste am Donauufer wuchtig. Doch in seinem Innern offenbaren sich Leichtigkeit und Weite, die man diesem Bau nicht zugetraut hätte. Der Palast bietet drei Kunstzweigen ein Zuhause: Der Musik mit dem Bartók-Béla-Konzertsaal, dem Schauspiel mit den Räumlichkeiten des Festival-Theaters und der Kunst mit dem ebenfalls im Haus befindlichen Ludwig-Museum. Dabei verdient besonders der Konzertsaal Aufmerksamkeit, gilt er doch dank seiner grandiosen Akustik als einer der besten der Welt. Der Spielplan umfasst neben klassischen Konzerten und modernem Tanz auch Konzertübertragungen aus anderen weltberühmten Konzertsälen. Wie auch bei den anderen Theatern in Budapest gilt: Karten sind schnell vergriffen, ein Vorab-Check und Kauf per Internet bewahrt vor Enttäuschungen.
IX. | Komor Marcell utca 1 | Tram/Bus: Közvágóhíd oder Milleniumi Kulturális Központ | Tel. 01/5 55 33 00 | www.mupa.hu | Karten ab 1000 Ft

THEATER UND TANZ
Trafó Kortárs Művészetek Háza (Trafó-Haus der Modernen Künste)
📖 D 8
Das Trafó ist eine der beliebtesten Spielstätten für moderne Ensembles innerhalb Budapests bzw. sogat, un-

Geschmückt mit barocken Stilelementen und einem Deckenfresko, ist der Zuschauerraum der 1875 bis 1884 nach Plänen von Miklós Ybl errichteten Ungarischen Staatsoper (▶ S. 43).

garnweit. In dem ehemaligen Trafo-haus aus dem Jahr 1909 geht es heute vor allem um kulturelle Vielfalt. So gibt es neben modernem Tanz aus aller Welt, Konzerten und Sprech-theatern auch interdisziplinäre Stücke, bei denen die Kunstzweige verschwimmen oder einfach an Bedeutung verlieren. Daneben befindet sich auch eine Galerie unter dem Dach des Trafó. Mit 300 Plätzen im großen Saal sind Karten für international renommierte Künstler, wie sie häufig zu Gast sind, schnell ausverkauft, ein Blick in den Spielplan, verbunden mit der Karten-bestellung im Voraus über das Internet, lohnt sich oftmals. Die Trafó-Bar Tango im Untergeschoss des Hauses bietet Livemusik-Sessions ab 18 Uhr bis in die frühen Morgenstunden.

IX | Liliom utca 41 | Metro/Tram: Corvin-negyed | Tel. 01/2 15 16 00 | www.trafo.hu | Kartenverkauf Mo–So 16–20, Galerie Di–So 16–19, an Vorstellungs-tagen bis 22 Uhr, Trafó-Café Mo–Fr 10–23.30, Sa und So 16–22.30 Uhr | Karten ab 1500 Ft

Weitere empfehlenswerte Adressen finden Sie im Kapitel BUDAPEST ERKUNDEN.

FESTE FEIERN

Nationalfeiertage und Festivals bestimmen den Festkalender der ungarischen Hauptstadt, wobei es sich bei den zahlreichen Festivals um regelrechte Großveranstaltungen handelt. Unter ihnen ragt als Besonderheit das berühmte Sziget-Festival hervor.

National und international ist Ungarn, aber vor allem Budapest, berühmt für seine Feierkultur. Das ganze Jahr über bietet das kleine Land mit der wunderschönen Hauptstadt einer Vielzahl an Festivals eine Heimat und feiert nebenher auch aus eigenem Anlass. Da Ungarn ein wirklich patriotisches Land ist, sind vor allem die Nationalfeiertage im März und August von Bedeutung. Am 15. März 1848 gelang den Freiheitskämpfern um Lajos Batthyány, Lajos Kossuth, Ferenc Deák und István Széchenyi ein erster wichtiger Schritt in Richtung der ungarischen Unabhängigkeit vom Hause Habsburg. Seit 1990 ist dieser Tag ein offizieller Feiertag und elementarer Teil der ungarischen Volksseele, denn die Habsburger Fremdherrschaft bedeutete zwar die Blütezeit des Landes der Magyaren, aber war eben doch eine Fremdherrschaft. Ein fixes Datum ist außerdem der 20. August. An diesem Tag wird alljährlich der Staatsgründung durch

◀ Gilt als das beste Festival Europas: Das
»Sziget« (▶ S. 48) zieht viele Besucher an.

König Stephan gedacht, die auf das Jahr 1038 zurückgeht, als König Stephan seine Krone und das Reich (fast das gesamte Karpatenbecken) der Heiligen Jungfrau Maria darbot. Zu beiden Festen gibt es staatliche Veranstaltungen, bei denen es vor allem um Tradition und Geschichte geht. Dazu gehören Reiterparaden und Tanzvorführungen, und insbesondere im Burgviertel herrscht Volksfeststimmung. Leider sind sowohl der 20. August als auch der 15. März sowie der 23. Oktober (ebenfalls ein nationaler Feiertag) mittlerweile stark politisiert, und über die Stadt verteilt finden immer wieder verschiedenste Kundgebungen von Parteien und politischen Organisationen statt. Mitunter herrscht an diesen Tagen eine stark angespannte Stimmung, sodass man gut daran tut, diese Demonstrationen zu umgehen.

MÄRZ

Nationalfeiertag

An diesem Tag wird der ungarischen Freiheitskämpfer gedacht, die 1848 am 15. März insgesamt zwölf Forderungen proklamierten und so die Unabhängigkeit vom österreichischen Haus Habsburg in die Wege leiteten.

15. März

I. | Szentháromság tér | Bus: Szentháromság tér

Budapest tavaszi fesztivál (Budapester Frühlingsfestival)

Das Budapester Frühlingsfestival gilt mittlerweile auch über die Grenzen des Landes hinaus als kulturelles Großereignis. Zwei Wochen lang geben sich Größen der klassischen und modernen Musik auf den Bühnen der Stadt die Klinke in die Hand. Mit mehr als 200 Konzerten, Vorstellungen und Lesungen ist das Festival das kulturelle Highlight des Jahres. Das Budapester Frühlingsfestival ist sehr beliebt,

es lohnt sich also, sich frühzeitig um Tickets zu bemühen. Auch ein Hotelzimmer in diesem Zeitraum sollten Sie rechtzeitig reservieren.

Letzte zwei Wochen im März

VI. | Liszt Ferenc tér 11 | Metro/Tram/ Bus: Oktogon | www.btf.hu

APRIL

Budapest Tncfesztivál (Budapest-Tanzfestival)

Nationale und internationale Compagnien geben sich die Ehre, wenn eine Woche lang die ungarische Hauptstadt im Zeichen des Tanzes steht. Die vertretenen Stile sind ebenso vielfältig wie die auftretenden Künstler. Getanzt wird auf den großen und kleinen Bühnen der Stadt, gelegentlich auch auf der Straße. Wie auch beim Frühlingsfestival gilt es, sich rechtzeitig um Karten zu bemühen.

Rund um den 29. April

I. | Szinház utca 1–3 | Bus: Dísz tér | www.nemzetitancszinhaz.hu

JULI

VeszprémFest & Utcazene fesztivál (Festival der Straßenmusik)

Ende Juli gibt es im nur 120 km von Budapest entfernten Veszprém gleich zwei Events, die man nicht verpassen sollte. Das VeszprémFest hat sich ganz der klassischen Musik verschrieben und bietet Schöngeistern in festlicher Atmosphäre etwas ganz Besonderes. Und wenn man schon einmal da ist, lohnt es sich, auch noch das Festival der Straßenmusik abzuwarten. Künstler, deren Bühne die Straße ist und deren Musik so unmittelbar mitten ins Herz trifft, bevölkern die Stadt.

Mitte Juli und Ende Juli
www.veszprémfest, www.utcazene.hu

Művészetek völgye (Tal der Künste)

In den letzten Tagen des Juli und bis in den August hinein erwartet das »Tal der Künste« (Valley of Arts) seine Gäste. Seit mehr als 20 Jahren und mittlerweile von sieben Gemeinden gemeinsam organisiert, ist es das wohl umfassendste Festival, wenn es um Kunst und Kultur geht. Neben Musik, Schauspiel- und Literaturabenden gibt es Kunsthandwerksstände, Weinverkostungen und einfach alles, was Körper und Geist nährt.

Ende Juli
www.muveszetekvolgye.hu

AUGUST

Ördögkatlan-Festival

Nicht ganz so groß wie das »Tal der Künste«, aber nicht weniger anspruchsvoll ist das Ördögkatlan-Festival zur selben Zeit. In der Nähe des Weingebiets Villány haben sich ebenfalls mehrere Gemeinden zusammengetan und organisieren seit Jahren einen alle Kunstgenres umfassenden Event, wobei es vor allem die darstellenden Künste sind, die die Besucher in ihren Bann ziehen und faszinieren.

Anfang August
www.ordogkatlan.hu

Sziget-Festival

Jedes Jahr Anfang August befindet sich die Hauptstadt im Ausnahmezustand, wenn mehrere Zehntausend Besucher aus aller Welt zum Sziget-Festival anreisen. Auf der Hajógyári Sziget feiern eine Woche lang mehr als 300 000 Menschen. Und für Kulturliebhaber gibt es klassische Konzerte, eine Weltmusikbühne, Jazz und eine Feinschmeckermeile.

Zweite Woche im August
www.sziget.hu

SEPTEMBER

Zsidó nyári fesztivál (Jüdisches Sommerfestival)

Ein wahrer Leckerbissen für Kulturfreunde ist das alljährlich Anfang September stattfindende Jüdische Sommerfestival mit Konzerten aller Art, von klassisch über Jazz bis hin zu neu interpretiertem Pop. Mehr als 30 Produktionen über die Stadt verteilt, jedoch mit dem Schwerpunkt im Jüdischen Viertel, locken mittlerweile nicht nur ungarische Besucher.

Anfang September
VII. | Dohány utca 2 | Metro/Tram/Bus: Astoria | www.zsidonyarifesztival.hu

Nemzeti vágta (Nationaler Galopp)

Hoch zu Ross klingt der September aus. Der Nemzeti vágta ist ein Ereignis, welches nicht nur Reitbegeisterten

In der klassischen Uniform der ungarischen Husaren reiten Männer und Frauen beim traditionellen Pferderennen »Nemzeti vágta« (▶ S. 48) auf dem Heldenplatz um die Wette.

gefällt. Denn die Magyaren sind ein Reitervolk, und ihr Können ist weithin bekannt. Der Hősök tere wird Ende September zur Rennbahn, auf der waghalsig geritten wird.

Letztes Wochenende im September
XIV. | Hősök tere | Metro/Bus: Hősök tere | www.vagta.hu

OKTOBER

Kortárs Művészeti Fesztivál (Festival zeitgenössischer Künste)

Bereits seit 1992 gibt es das Budapest Őszi Fesztivál (Budapester Herbstfestival), welches bis heute nicht nur einen Namenswechsel, sondern vor allem auch eine Vielzahl an hochrangigen Vorstellungen erlebt hat. Unter dem neuen Namen »Kortárs Művészeti Fesztivál« fokussiert das Festival vor allem auf Independent Produktionen und kleine, aber umso interessantere Ensembles aus dem europäischen Ausland. Dabei sind es immer wieder andere Schwerpunkte, die das Kortárs Művészeti Fesztivál prägen, und auch die Spielstätten wechseln.

Mitte Oktober
VI. | Liszt Ferenc tér 11 | Metro/Tram: Oktogon | www.cafebudapestfest.hu

MIT ALLEN SINNEN
Budapest spüren & erleben

Neben dem klassischen Sightseeing sollten Sie es nicht verpassen,
ganz in das Leben der Stadt einzutauchen und sie mit allen Sinnen
zu entdecken. Egal, ob Sie alte Traditionen kennenlernen oder
ihre Geschmacksnerven herausfordern wollen, sportliche Aktivitäten
suchen oder sich eine kleine Auszeit gönnen wollen:
Hier finden Sie die richtigen Empfehlungen.

◀ Der Ozean-Raum mit passender Speisekarte im Dzsungel étterem (▶ S. 51).

ESSEN UND TRINKEN

Dzsungel étterem 🔖 C 5

Das Dzsungel étterem hält, was der Name verspricht. Denn hier gibt es vier thematisch gestaltete Räume, die jeweils in ganz unterschiedliche Ecken der Erde führen. Neben der Wüste und dem Dschungel gibt es den Ozean- und den Piratenraum. Von außen kaum erkennbar, ergibt sich hier die Möglichkeit, eine kleine Weltreise zu machen. Neben Aquarien und einem kleinen Wasserfall sind es aber vor allem die kleinen Extras in der Dekoration, die das Dzsungel étterem so lohnenswert machen.

VI. | Jókai utca 30 | Metro/Tram/Bus: Nyugati pályaudvar | www.dzsungel cafe.hu | tgl. 12–1 Uhr | €€

KULTUR UND UNTERHALTUNG

Láthatatlan kiállítás (Unsichtbare Ausstellung) 🔖 A 5

Die »Láthatatlan kiállítás« (Unsichtbare Ausstellung) ist eine Ausstellung, wie sie wohl nicht alltäglich ist. Denn hier findet alles in absoluter Dunkelheit statt. Kein Licht, nicht einmal ein Glimmen leitet den Besucher. Stattdessen sind es sehbehinderte oder blinde Führer, die den Besucher sicher durch die Ausstellung geleiten. Dabei macht man ganz erstaunliche Erfahrungen. Ohne unsere Augen sind wir plötzlich auf all unsere anderen Sinne angewiesen – und erstaunlicherweise braucht es keine Übergangs- oder Anpassungszeit. Ohren, Haut und Nase schalten sich sofort ein, und so versucht man sich anhand seiner verbleibenden Sinne in der Ausstellung zurechtzufinden. Erklärtes Ziel der »Láthatatlan kiállítás« ist es, die Welt des Nicht-Sehens für sehende Menschen begreifbarer zu machen und zu zeigen, dass ein Leben auch ohne Augenlicht erfüllt und interessant sein kann. Die Tour ist zweigeteilt und geführt. Der erste Teil findet komplett im Dunkeln statt, es werden unterschiedlichste Gegenstände ertastet, Klänge gehört, Düfte gerochen. Im zweiten Teil kann man Geräte, die den Alltag blinder Menschen erleichtern, kennenlernen und ausprobieren. Wer seine Sinne noch mehr testen möchte, kann dies bei einem »Unsichtbaren Abend-

essen« (Láthatatlan vacsora) oder einer Weinverkostung tun. Ebenfalls in absoluter Dunkelheit schmecken und duften Speisen anders, und auch die Livemusik klingt anders. Lassen Sie sich von Ihren Sinnen leiten – es lohnt sich!

II. | Kis Rókus utca 16–20 | Metro/Tram/Bus: Széll Kálmán tér | www.lathatatlan. hu | tgl. 10–20 Uhr | Führungen in Deutsch nur bei rechtzeitiger Voranmeldung möglich | Eintritt ab 1700 Ft | Unsichtbares Abendessen: jeden Fr Abend | 2-Gänge-Menü ab 5390 Ft

Hosszúlépés (Weiter Schritt)

Bei den Touren der »Hosszúlépés« können selbst Einheimische noch etwas Neues über »ihre« Stadt lernen, denn die »Spazierpartner«, wie sich die außergewöhnlichen Stadtführer nennen, sehen und erleben Budapest auf eine ganz eigene Art. So sind auch die Spaziergänge immer eine persönliche Hommage an die Perle der Donau. Zehn Routen werden angeboten, darunter auch solche Besonderheiten wie »Ein Bissen China«. Bei der etwa 2,5-stündigen Tour geht es in die touristisch keinesfalls erschlossene Region Budapests, die selbst für viele Bewohner der Stadt ein eigener Mikrokosmos ist. Authentisches Chinatown-Feeling inklusive Verkostungen erwartet die Besucher hier. Aber auch die Tour, die auf den Spuren Hollywoods in Budapest wandelt, hält viele Überraschungen bereit. Denn wer würde schon vermuten, dass ein und dieselbe Stadt sowohl als baufälliges Ostberlin oder aber auch als Paris oder Buenos Aires durchgeht? Bei wem die Liebe zur Stadt jedoch mehr durch den Magen führt, dem seien die Gastro-Spaziergänge empfohlen, von denen der »Von Kopf bis Fuß in Schwarz« bezeichnete Weg beispielsweise die berühmten, vergessenen und bis heute geöffneten Kaffeehäuser ansteuert. Die Touren dauern im Schnitt 1,5 bis 2,5 Stunden, und alles geschieht zu Fuß. Dabei sind die Spaziergänge von »sehr leicht erfüllbar« bis »hügelig« in Schwierigkeitsgrade unterteilt, bequeme Schuhe und Spaß am Gehen sollte man mitbringen. www.hosszulepes.hu | Die Touren starten von unterschiedlichen Treffpunkten in der Stadt, Voranmeldung erforderlich.

Genaue Zeiten, Kosten der einzelnen Touren und die Buchungsmöglichkeiten fremdsprachiger Führungen erfährt man auf der Homepage.

ÖkoCab

Stadtführung noch einmal anders heißt es bei den Touren der ÖkoCab Rikschas. Im Fond einer Fahrradrikscha sitzend, können Sie die Sehens-

würdigkeiten der Stadt in aller Ruhe an sich vorbeiziehen lassen. Die Fahrer der Rikschas berichten unterwegs jedoch keineswegs nur über touristische Highlights, vielmehr kann man mit ihnen über fast alles und vor allen Dingen darüber plaudern, was in Budapest und Ungarn so passiert. Wer ein Stück des »echten« Budapest erleben möchte, sollte auf jeden Fall ein ÖkoCab nutzen. www.okocab.com | Taxi- und Tourbestellung: Tel. 0 70/7 71 97 75 oder 0 30/2 20 04 46

AKTIVITÄTEN

Budaörsi Repülőtér　　🔧 südöstl. A 10

Zugegeben, der Budaörsi Repülőtér (Flughafen Budaörs) liegt weit ab vom Schuss, aber der Weg hinaus lohnt sich.

Denn hier kann man nicht nur Segel-flieger bei Start und Landung beobachten, sondern auch selbst einsteigen. Mehr noch: Auch Helikopter- und Flüge mit Oldtimermodellen sind hier möglich. Wer Budapest schon zu Fuß entdeckt als schön empfindet, wird von der Vogelperspektive schlichtweg begeistert sein. Auch das Umland kann per Helikopter oder kleinmotorigem Flugzeug entdeckt werden. Egal, zu welcher Tages- oder Nachtzeit, ein Flug über Budapest bleibt unvergesslich.

XI. | Repülőtéri út 2 | Bus: Budaörsi Repülőtér | www.budaorsirepuloter.hu | Flug ab 27 000 Ft, je nach Route und Maschine

Budapest Photo Safari

Es gibt wohl kaum etwas Ärgerlicheres wie misslungene Urlaubsfotos, denn auch die schönste Erinnerung verblasst irgendwann, und wie gern würde man sie dann mit Bildern wieder auffrischen. Das dachten sich einige Fotografen, die ganz nebenbei auch noch verliebt in ihre Heimatstadt sind. Auf den geführten Fototouren lernen Sie nicht nur die schönsten Ecken Budapests kennen, sondern gleichzeitig auch Tipps und Tricks, wie Ihre Fotos auch Freunden daheim die Schönheit Ihrer letzten Urlaubsdestination vermitteln. Damit der Lerneffekt möglichst groß ist, wird die Teilnehmerzahl der Touren gering gehalten. Sogar Solo-Touren, also allein mit einem Guide, sind möglich. Die Touren dauern bis zu vier Stunden und finden auch bei schlechtem Wetter statt. Dabei gibt es sowohl Anlaufpunkte unter freiem Himmel als auch im Inneren von Gebäuden, und auch Touren bei Nacht können gebucht werden. Führungen werden derzeit leider nur auf Englisch, Italienisch und Japanisch angeboten.

budapest.photosafari@yahoo.com | Preis für 4 bis 6 Teilnehmer je 20 €, bei 3 Teilnehmern je 25 €, 2 Teilnehmer je 30 €, 1 Teilnehmer 60 €

Budapest ist keine multikulturelle Stadt, wie manch andere Hauptstadt, hat aber seine eigene Chinatown, wohin die Touren der Organisation Hosszúlépés (▶ S. 52) führen.

Im Fokus
Thermalbäder

*Die Kultur der Badehäuser in Budapest wird gemeinhin
mit der Zeit der türkischen Besatzung in Verbindung gebracht.
Tatsächlich reicht die Geschichte der Bäder viel weiter,
nämlich bis in die Zeit der Römer zurück.*

Schon als die Römer im 2. Jh. das Donauufer im Gebiet des heutigen
Budapest besiedelten, nutzten und genossen sie die heilende Kraft der
zahlreichen Quellen in ihrer Siedlung Aquincum. Ganze 14 Bäder bauten
die Römer, von denen einige Ruinen bis heute von der langen Geschichte
dieses Hungaricums zeugen.

MIT ALLEN WASSERN GEWASCHEN

Heute haben sich um die Bäder und Heilquellen ein ganzer Tourismus-
zweig und fast eine eigene Wissenschaft entwickelt. In Ungarn werden im
Allgemeinen zehn verschiedene Heilwässer unterschieden. Da wären
zum einen die kohlesäurehaltigen Wässer, die entweder abgefüllt in Fla-
schen im Handel vertrieben werden oder für Heilanwendungen genutzt
werden. Solche Quellen finden sich nur außerhalb Budapests, beispielsweise in Maconka, Répcelak und Mihályi. Daneben gibt es kalzium- und
magnesiumhaltige Wässer, die besonders bei rheumatischen Beschwer-

◀ Das berühmteste Themalbad Budapests
ist das im Jugendstil errichtete Gellért Bad.

den Linderung bringen. Sind diese Wässer auch noch kohlensäurehaltig, können Herz- und Magenbeschwerden behandelt werden. Zu finden sind solche Becken im Császár-, Lukács-, Rácz-, Rudas- und Gellért-Bad. Dass Heilwasser nicht nur von außen, sondern auch von innen wirken kann, zeigen die alkalinen Wässer. Bekannter Vertreter ist das Salvus-Heilwasser, es wird gern bei Problemen mit der Verdauung genutzt. Besonders markant ist der Geruch von Schwefelwasser. Schon beim Eintreten ins Lukács-, Rudas- oder Imre-Bad schlägt einem der unverkennbare Geruch entgegen. Doch wie auch bei der Medizin gilt: Je schlechter sie schmeckt, desto besser die Wirkung. Rheumapatienten und Menschen mit Hautproblemen wissen um die wohltuenden Wellen – und nach kurzer Zeit nimmt man auch den Geruch nicht mehr wahr. Ungewohnt, aber nicht weniger hilfreich sind die radioaktiven Quellen. Ihr Wasser wird sowohl für Bäder als auch zur Inhalation und für Trinkkuren verwandt. Trotz des abschreckenden Namens ist das Wasser enorm gesund, wirkt schmerzlindernd und positiv auf den Stoffwechsel. Sowohl im Rudas- und Imre- als auch im Gellért-Bad kann man die heilende Wirkung solcher Wässer genießen. Wirklich berühmt ist jedoch das Heilbad in Hévíz. Der Hévízi tó (Hévízer See) ist der weltweit größte Thermalsee. Auf 4,44 ha Fläche erstreckt sich das ganze Jahr über warmes Wasser. Bereits seit 1772 machen sich Badegäste diese Besonderheit der Natur zunutze. Bis heute ist der kleine Kurort bei Einheimischen und Besuchern aus dem Ausland extrem beliebt.

EINFLUSS DER TÜRKISCHEN BÄDERKULTUR

Obwohl landesweit mehr als 120 heiße Quellen stetig frisches Thermalwasser an die Oberfläche bringen, ging die erste Glanzzeit der Bäder mit dem Ende der römischen Besatzung zu Ende. Mehr noch: Über 1300 Jahre sollten vergehen, ehe es zu einer Renaissance der Bäder kam. Als die türkischen Kräfte erst Pest, dann Buda besetzten, begannen sie, Stadt und Land ihren eigenen Vorstellungen zu unterwerfen und umzugestalten. Bis heute beispielsweise steht im südungarischen Pécs auf dem Hauptplatz der Stadt eine Moschee aus dieser Zeit. Das Rudás-Bad und das Király-Bad sind erhaltene Bauten der einstigen Hamam-Kultur. Das Rudas-Bad wurde 1550 erbaut und ist damit das älteste Bad in Budapest überhaupt. In seine heutige Form wurde es 1566 gebracht, und das

Thermalbad ist seitdem unverändert. Allerdings ist das Rudas gleich zwei Mal erweitert worden. 1883 wurde ein Dampfbad angebaut, etwa 100 Jahre später, 1986, kam dann noch ein Hallenschwimmbad hinzu. Das Rudas-Bad ist heute ein wichtiges Zentrum für physiotherapeutische Behandlungen. Neben dem Kuppelbad (welches seine ganze Pracht im Inneren erst bei Sonnenschein offenbart) hat sich noch ein weiterer Aspekt aus alten Zeiten bis heute gehalten: Im Rudas-Bad gibt es wie auch in türkischen Hamams die strikte Trennung der Geschlechter, hier allerdings nach Wochentagen. Lange Zeit galt das Rudas-Bad (wie auch das Király-Bad) als Treffpunkt der homosexuellen Szene. Dank fortschreitender Aufklärung und Toleranz muss sich aber heute niemand mehr im wabernden Wasserdampf verstecken. Die Trennung nach Geschlechtern ist trotzdem erhalten geblieben, vermutlich mehr aus der Gewohnheit heraus.

SEIT JAHRHUNDERTEN GENUTZT

Eine ähnlich lange Geschichte weist das Király-Bad auf. Im Gegensatz zu den meisten Bädern in und um Budapest wird das Király-Bad nicht direkt aus einer der zahlreichen Thermalquellen gespeist, sondern über einen Abzweig aus dem Lukács-Bad. Das aus der zweiten Hälfte des 16. Jh. stammende Bad liegt innerhalb des Festungsrings der Burg. Die türkischen Machthaber sicherten sich damit die Möglichkeit eines Bads, selbst wenn sie belagert würden. 1796 eroberten die Magyaren ihre Burg mithilfe der Habsburger zurück. Das einstige türkische Bad wurde zum Ende des 18. Jh. umgebaut, wobei die Betreiber und Namensgeber, die Familie Király, großen Wert auf die ursprünglichen Formen und den Erhalt des Charakters des Bads legten. Im Laufe des Zweiten Weltkriegs wurde das Király-Bad schwer beschädigt und nach umfangreichen Renovierungsarbeiten 1950 wiedereröffnet. Anders als im Rudas-Bad gibt es im Király-Bad keine Geschlechtertrennung mehr.

Das älteste der nach der türkischen Besatzung gebauten Bäder ist das Lukács-Bad. Die beiden das Bad speisenden Quellen kannten schon die Römer, ein Schriftzug »aqua calidai superiores et inferiors« aus Zeiten des Kaisers Claudius zeugt bis heute davon. Diese Quellen wurden, anders als viele andere, über die Jahrhunderte hinweg genutzt und geschätzt, u.a. von den Rittern des St.-János-Ordens und später den Maltesern. Neben den Quellen errichteten die Ritter dort im 12. Jh. ein Bad und Spital. Bevor das prachtvolle Széchényi-Bad gebaut wurde, war das Lukács-Bad das beliebteste Bad der Budapester. Der Name »Lukács« ist bis heute nicht ganz geklärt, zwei Deutungen kursieren. Zum einen die Bezeichnung nach dem hl. Lukács, der traditionell mit Heil- und Ärztekunst in Verbindung gesetzt wird, zum anderen von der einstigen deutschen Bezeichnung der zerfließenden Quellen »Lochbad« (lyukfürdő). Tatsächlich wird vermutet, dass anstelle des heutigen Lukács-Bads früher ein kleiner See zu finden war. Nach der Rückeroberung Budas verlor das Bad nach und nach an Bedeutung, und erst 1893 – nach umfangreichen Umbauarbeiten – wurde es wieder als Heilbad anerkannt. Der Ruhm des Bads währte nicht lang, denn nur etwa 20 Jahre später öffnete das Széchényi-Bad und lief dem Lukács-Bad schnell den Rang ab. Das Széchényi-Bad ist das größte Thermalbad sowohl in Budapest als auch europaweit. Dabei wurde die Quelle, die das Bad zuerst speiste, erst 1878 bei Bohrungen in 970 m Tiefe entdeckt. Doch leider war das Wasser aus dieser Quelle nicht warm, und die Kosten, um das Wasser auf Badetemperatur zu bringen, explodierten. 1936 wurden deswegen neue Bohrungen begonnen. Etwa zwei Jahre später konnte tatsächlich Erfolg vermeldet werden, in 1256 m Tiefe stieß man auf 77 °C warmes Heilwasser. Bis heute werden von dort täglich 6000 Kubikmeter ins Bad gepumpt. Zum Glück wurde auch im Széchényi bereits in den 1980er-Jahren die Geschlechtertrennung aufgehoben, und so kann man sich auch als Frau an dem beruhigenden und liebenswerten Anblick von Schachspielern im warmen Wasser sitzend erfreuen.

BADETEMPEL IM JUGENDSTIL

Lange galt das Gellért Hotel mit seinem Thermalbad als erstes Haus am Platz. Seit 1918 kann in einem der schönsten Bauwerke der ungarischen Sezession gebadet werden. Doch auch schon früher gab es auf der Budaer Seite am Fuße des Bergs hier ein Krankenhaus mit angeschlossenem Heilbad, und auch unter türkischer Herrschaft wurde hier zum leiblichen Wohl im Wasser verharrt. Tatsächlich ist die das Gellért-Bad versorgende Quelle seit dem 13. Jh. fast ununterbrochen als Heilquelle genutzt worden. Das Gellért-Bad, wie wir es heute kennen, kam jedoch erst 1927 zu seiner endgültigen Form, als das damals als Kuriosum geltende Wellenbad angebaut und eröffnet wurde. Wo früher ein hoteleigener Park zum Flanieren einlud, konnte sich nun in die künstlichen Fluten gestürzt werden, ab 1934 wurde das Bad gar noch um ein Sprudelbecken ergänzt. Es ist wohl keine Übertreibung, wenn man sagt, Bäder und Budapest gehören seit jeher zusammen – und daran wird sich vermutlich auch in Zukunft nichts ändern.

BUDAPEST ERKUNDEN

Straßencafé Csendes Társ, um die Ecke des schönen Parks Károlyi Khert gelegen.

EINHEIMISCHE EMPFEHLEN

Die schönsten Seiten Budapests und Orte, die man besser meidet,
kennen am besten diejenigen, die dort zu Hause sind.
Zwei Bewohnerinnen lassen wir hier zu Wort kommen –
Menschen, die eines gemeinsam haben: die Liebe zu ihrer Stadt.

Zsuzsanna Varga Szapor, 52

Ich mag den XI. Bezirk. Sehr sogar, ich bin hier aufgewachsen. Ich mochte die Spielplätze im Viertel, die Sandkästen, Schaukeln und Rutschen, die damals noch die Welt für mich bedeuteten. Später ging ich hier zur Schule, an meine Kindheit hier im Viertel erinnere ich mich gern zurück. Das ist natürlich alles subjektiv, aber man kann eben nicht aus seiner Haut. Alles, was mir wichtig ist, passierte in diesem Viertel. Ich mag beispielsweise die alten Bäume entlang des Bartók Béla út (▶ S. 83) und die Gegend rund um den körtér, also DEN körtér. Besonders mag ich den Feneketlen tó (▶ S. 83), schon als Mittelschülerin habe ich hier Karten gespielt, und bis heute komme ich gerne her und suche im Schilf nach den Fröschen und Enten, die wir als Kinder beobachtet haben. Als meine Kinder noch klein waren, brachte ich sie auf den Spielplatz hier. Ich fühle mich so zu Hause in »meinem Viertel«, dass ich gar nicht sagen kann, ob es hier zu meidende Gegenden gibt. In seinem eigenen Haus fürchtet man sich schließlich auch nicht.

Ein schöner Ort, um Kinder spielen zu lassen, zu angeln oder nur in der Abendsonne zu sitzen und den Tag Revue passieren zu lassen, ist der See »Feneketlen tó« (▶ S. 83) im XI. Bezirk.

Erika Putnoki, 37

Grundsätzlich kochen wir gern, und selbst am späten Abend fällt es mir nicht schwer, noch eine Kleinigkeit zu zaubern. Aber es gibt diese Tage, an denen man den Stress der Arbeit, ich bin als leitende Bankangestellte beschäftigt, umgehend mit einem leckeren Essen hinunterspülen möchte. An diesen Tagen ist unser Ziel die Leonardo Pizzeria & Pub. Und nicht etwa, weil dies das eleganteste Restaurant des »Nyócker« ist, gewiss nicht. Die Pizzeria riecht ein wenig muffig, aber sie ist unschlagbar, wenn es darum geht, freundliche, lächelnde Gesichter zu sehen! Da die Pizzeria größtenteils nach Hause liefert, gibt es fast immer freie Tische.

Egal, ob ein Abend mit Freunden, Geburtstagsfeiern, ein Arbeitsessen in der Woche oder ein kochfreier Sonntag, es lohnt sich immer, im Stex Ház in der József körút 55–57 vorbeizuschauen. Unschlüssige werden vom Kellner zu ihrem Tisch gebracht, und sofort wird die Speisekarte gezückt. Obwohl es viel Leckeres gibt, sind es besonders die Empfehlungen des Küchenchefs, die heimische Geschmäcke mit saisonaler Romantik würzen. Ganz wichtig

>*Bis heute komme ich gerne her und suche im Schilf nach den Fröschen und Enten, die wir als Kinder beobachtet haben.*«

Zsuzsanna Varga Szapor

ist, Platz für das Dessert zu lassen. Der noch warme Brownie mit Vanilleeis und Erdbeersauce ist unvergleichlich gut, aber leider ist er nicht ständig im Angebot.

Unser Bezirk steht traurigerweise auch im Ruf, ein Problembezirk zu sein. Als Außenstehender mag das tatsächlich so scheinen. Die Straßen außerhalb des Nagykörút, rund um Práter utca und Leonardo da Vinci utca sind tatsächlich nicht das sicherste Pflaster der Stadt und sollten von Touristen möglichst gemieden werden. Aber trotzdem leben wir gerne hier und würden den Trubel der Straßen vermissen, gingen wir weg von hier.

I. BEZIRK

Der 1. Bezirk, das Burgviertel, eignet sich sehr gut für eine Erkundung zu Fuß. Hier befinden sich Stätten des Weltkulturerbes und Museen. Zudem genießt man einen schönen Panoramablick hinunter auf die Donau und das Pester Ufer der Stadt.

Teile des I. Bezirks erheben sich gut sichtbar über der Stadt, denn in diesem findet sich eines der Wahrzeichen der Stadt, das **Burgviertel** ⭐. Aber nicht erst seit der Zeit der Habsburger Monarchie ist die Anhöhe über der Donau bewohnt. Der Stadtteil unterhalb der Burg, die sogenannte Viziváros (Wasserstadt) war vermutlich schon zu Zeiten römischer Herrschaft bewohnt. Die historische Wasserstadt wurde während des Türkensturms auf Budapest 1684 komplett zerstört, wirklich wiederaufleben konnte das Viertel erst nach dem Zweiten Weltkrieg.

Auch die Geschichte der Burg selbst reicht weit zurück. Aufzeichnungen zufolge begann der Bau der Burg im Jahr 1243 auf dem damal noch als »Péster Neuberg« bezeichneten Burgberg. Als 1246 ein weiterer Sturm der Mongolen erwartet wurde, mussten die Bauarbeiten beschleunigt werden, und schon 1255 berichtete König Béla IV. von der fertigen Burg.

◀ Residenz der ungarischen Könige: der
Burgpalast (▶ S. 62) oberhalb der Donau.

Im Laufe der Jahrhunderte war die
Burg immer wieder Ziel verschie-
denster Belagerungen, doch durch
die klug gewählte Lage und eine
starke Burgmauer trotzte sie diesen stets. In den 1330er-Jahren begann König Károly gemeinsam
mit seinen Söhnen den Bau eines
Palasts, den sein Sohn, der spätere
König Lajos, ab 1354 mit seinem Hofstaat bevölkern sollte. Mehr als
200 Jahre erblühte das Gebiet um den Palast, bis eine Schießpulverexplo-
sion ihn 1578 zu großen Teilen zerstörte. Endgültig dem Erdboden gleich-
gemacht wurde der Palast 1686 durch eine zweite große Explosion.
Noch heute wird der Schlacht von Mohács am 29. August 1526 gedacht,
denn Sultan Suleiman I. marschierte nur wenig später in die ungarische
Hauptstadt ein. Am 12. September zog er weiter, jedoch nicht, ohne vorher die Stadt und die Burg erst zu plündern und dann in Brand zu stecken.
Vier Jahre später und unter dem neuen König János begannen die Repa-
raturarbeiten am stark beschädigten Burgwall. Doch auch die wieder-
erstarkte Mauer konnte die Burg nicht schützen, als Sultan Suleiman I.
1541 mittels einer List die Burg erneut einnahm. Die türkische Besetzung
der Burg (und der Stadt) sollte bis 1686 ununterbrochen andauern, und
erst eine Allianz aus Bayern, Lothringern und Ungarn konnte die Türken
vertreiben.

UNABHÄNGIGKEITSKAMPF UND UMBAUARBEITEN

Es folgten fast zwei Jahrhunderte der k.-u.-k.-Monarchie, in der das
Burgviertel zum Symbol der Fremdbestimmung für das ungarische Volk
wurde. Während des Unabhängigkeitskampfs 1848/49, genauer vom
4. Mai 1849 an, belagerte Artúr Görgey die Burg, die am 21. Mai 1849 ein-
genommen wurde. Doch all dies nützte nichts, der Freiheitskampf wurde
blutig durch das Heer des Kaisers niedergeschlagen und die Burg zurück-
erobert. Zwischen 1875 und 1882 entstand der Várkert-bazár (Burggarten-
basar), der Burgwall wurde verlängert, und umfangreiche Reparatur- und
Umbauarbeiten fanden statt. Während des Zweiten Weltkriegs wurden
weite Teile des Burgviertels vernichtet. Entgegen dem Trend in sozialis-

tischen Staaten, allen übrig gebliebenen Bestand einfach abzureißen, wurde allerdings im Laufe der 1960er-Jahre damit begonnen, zerstörte Gebäude originalgetreu wiederaufzubauen.

TOURISTENMAGNET MIT ANSPRUCH

Trotz aller geschichtlichen Höhen und Tiefen, Umbrüche, Aufbrüche und Umbauten hat sich der I. Bezirk einen ganz eigenen Charme bewahrt. Während der Rest der Stadt oft im Verkehrschaos versinkt, ist es im Burgviertel geradezu ratsam, sich zu Fuß fortzubewegen. Denn zum einen bedarf es einer Sondergenehmigung zum Befahren des Viertels, und zum anderen ist dieser Bezirk, der Teil des UNESCO-Weltkulturerbes ist, ein wahrer Touristenmagnet. Doch dies sollte Sie keinesfalls abschrecken, vielmehr lohnt es sich insbesondere an lauen Sommerabenden, durch die Gassen zu schlendern, wenn Straßenmusiker und Künstler ihr vielfältiges Können zeigen. Die Bewohner des Viertels haben sich im Laufe der Jahre an die Flut von Fremden gewöhnt, denn sie antworten geduldig auf Fragen, weisen den Weg und nehmen lange Schlangen im Supermarkt seelenruhig in Kauf.

Das ehemalige Regierungsviertel ist bis heute ein wichtiger Teil des ungarischen gesellschaftlichen Lebens, denn neben dem Sándor-Palast, dem Sitz des Staatspräsidenten, befinden sich auch zahlreiche Botschaften (darunter auch die deutsche) sowie die Akademie der Wissenschaften und die Nationalgalerie hoch oben über der Stadt.

SEHENSWERTES

1 Budavári Sikló (Zahnradbahn zur Burg) 🏃 B 6

Schon der Weg hoch zur Burg ist eine kleine Attraktion. Denn mit der Zahnradbahn gelangt man einfach und bequem vom Fuß des Burgbergs (Clark Ádám tér) zum Dísztér, dem Zierplatz, direkt neben dem Palast des Präsidenten. Mit etwa fünf Personen pro Abteil ist es insbesondere an heißen Sommertagen etwas eng in den Kabinen, jedoch wird man mit einem schönen Blick entlang des Donauufers belohnt.

I. | Clark Ádám tér | Tram/Bus: Clark Ádám tér | tgl. 7.30–22 Uhr alle fünf bis zehn Minuten, je nach Anzahl der Passagiere | Hinfahrt 1100 Ft, mit Rückfahrt 1700 Ft, Kinder (3–14 Jahre) Hinfahrt 650 Ft, mit Rückfahrt 1100 Ft, Kinder unter 3 Jahre kostenlos

2 Citadella (Zitadelle) 🏃 B–C 7–8

Hoch über der Stadt, an der Grenze zwischen I. und XI. Bezirk, ist der Gellért-Berg wie auch das Burgviertel Teil des Weltkulturerbes. Sogar Budapester verwechseln gelegentlich die Freiheitsstatue mit der ihr zu Füßen liegenden Festung, der eigentlichen Zitadelle. Dabei entstand die Festung nicht etwa, um die Stadt zu schützen. Die Platzie-

Szena tér

Varsányi Irén u.

Vitéz u.

Karolyi Mihály szobra

vár

Víziváros

Csalogány u.

Budai alsó rkp.

Kossuth Lajos emlékmű

Kossuth Lajos tér

Alko

Hattyú

Toldy Ferenc

Batthyány tér

Parlament

12

Szabó Ilonka

Bécsi út kapu

Hunfalvy

Donati

Iskola

Batthyány tér

St.-Anna-Kirche

Kossuth Lajos tér

Báthory

Hadtörténeti Múzeum

Fortuna

Országház

17

14

Hess A. tér

Halászbástya (Fischerbastei)

Szilágyi D. tér

Bem

18

Akadémia

Zoltán

Duna (Donau)

Steindl Imre u.

Pesti alsó rakpart

Matthiaskirche

4   6

Szentháromság tér

Darda

Szentháromság tér

Corvin tér

15

Fő u.

Széchenyi u.

Arany János u.

ztina-ros

nező

Vár (Burg-viertel)

Mátyás Templom

Hunyadi János

Tárnok

Úri

Ponty u.

Budai alsó rkp.

23

16

22

Magyar Tudományos Akadémia

Vigyázó Ferenc u.

Arany Sas Patikam.

19 Vár-szinház

Disz tér

24 20

Budavári Sikló

Széchenyi Lánchíd (Kettenbrücke)

Zrinyi

Roosevelt tér

I

10

21 13

Miko u.

Logodi u.

Palota út

Palota

1

Dorott

Ungarisches Theatermuseum und -institut

Alagút

Kortárs Művészetek M.

Ungarische Nationalgalerie

Sikló

Budavári palota (Burgpalast)

9

Lánchíd

Pesti alsó

Mészáros u.

Gellérthegy

Naphegy

Lisznyai

Magyar Nemzeti Galéria

8

Budapester Geschichtsmuseum

Budapesti Történeti Múzeum

Vigadó tér

rakpart (Duna)

Pálya u.

Márvány

Zsolt

Naphegy 154

Fém

Dózsa György tér

3

Várbazár

Semmelweis Orvostörténeti Múzeum

11

Medizingeschichtliches Musuem

7

Krisztina út

Apród u.

Döbrentei

Ban u.

Táltos u.

Naphegy tér

Dezső

Tabán

Szarvas tér

Csalogány u.

A

örsz. u.

Derék

Piroska

Galeotti

Rácz fürdő

Keresztút

Döbrentei tér

Erzsébet szobor

Erzs

Aladár u.

Uránia Csillagvizsgáló

Sánc u.

Orom u.

Szirtes

Rudas fürdő

5

Hegyalja

Mihály u.

Számadó u.

Bérc u.

Szirtes

Szent Gellért

Döbrentei tér

Szt. Gelle

Otthon

Somlói

Kelenhegyi

Citadella

2

Citadella sétány

Citadella sétány

135

Gellérthegy (Gellért-Berg)

Szikla

N

300 m

Somlói

Kelenhegyi

Tóth

Jubileumi park

Pipacs u.

© MERIAN-Kartographie

Als Krönungskirche bekannt ist die im Burgviertel gelegene Matthiaskirche (▶ S. 67). Links im Bild ist ein Teil der Fischerbastei (▶ S. 66) zu sehen, rechts der moderne Bau des Hilton Hotel.

rung, gut sichtbar von der Pester Seite der Stadt aus, wurde von den Habsburgern bewusst gewählt. Nach den Freiheitskämpfen der Ungarn 1848/49 sollten die ungarischen Bürger so stets ihrer Unterlegenheit erinnert werden. Heute sind es nicht mehr österreichische Soldaten, welche die Zitadelle bevölkern, sondern Besucher aus aller Herren Länder, denn der Blick über die Stadt ist einfach unbeschreiblich. Wer die Zeit und Kondition hat, sollte vom Gellért tér den Aufstieg wagen. Zahllose Pfade und Treppen schlängeln sich den Berg hinauf, und hier und da lichten sich die Bäume, und man wird mit dem Ausblick über das Pester Panorama belohnt.

I. Citadella sétány | Bus: Búsuló Juhász oder Tram/Bus: Gellért tér | www.citadella.hu

2 Halászbástya (Fischerbastei)

▶ A–B 5–6

Obwohl im Vergleich zur Matthiaskirche ein sehr junges Bauwerk, ist die Fischerbastei wohl das prägendste Element des Budaer Donauufers. Frigyes Schulek zeichnete neben dem Dom auch für diesen Teil der neuen Stadtmauer verantwortlich. Der Name »Fischerbastei« geht auf die Zeit zurück, als die Zunft der Fischer diesen Abschnitt der Stadtmauer schützte. Bei klarer Sicht kann man von der Fischerbastei aus bis zur Pester Stadtgrenze und darüber hinaus blicken.

I. | Szentháromság tér | Bus: Szentháromság tér | 16. März–30. April 9–19 Uhr, 1. Mai–15. Okt. 9–20 Uhr | Eintritt 700 Ft, erm. 350 Ft

❸ Labirintus a Budavári utcák alatt (Labyrinth unter den Straßen der Budaer Burg) 🏃 B 6

Unterhalb und oberhalb Budapests befindet sich das größte zusammenhängende Höhlensystem Ungarns. Auch der Burgberg stellt hier keine Ausnahme dar. Mit einem verwirrenden System aus natürlichen Höhlen und von Menschenhand geschaffenen Kellern und Gängen ist das »Kellergeschoss« des Burgviertels eine echte Rarität. Der Eingang des Labyrinths befindet sich im Lovas út.

I. | Úri utca 9/ Lovas út 4/a | www.labirintusbudapest.hu | Bus: Dísz tér oder Szentháromság tér | tgl. 11–19 Uhr | Eintritt 2000 Ft, erm. 1500 Ft

❹ Máttyástemplom (Matthiaskirche) 🏃 B 6

Der Dom im Burgviertel entstand in seiner heutigen Form erst Ende des 19. Jh. Doch bereits in früheren Jahrhunderten gab es an seiner Stelle Glaubenshäuser. Erste Aufzeichnungen belegen, dass bereits um 1269 eine Kirche auf dem heutigen Szentháromság tér zu finden war. Der Name des Doms geht auf König Mátyás Hunyadi zurück, der ein Gotteshaus um 1470 erbauen ließ, und dessen bauliche Grundzüge sich im heutigen Gebäude wiederfinden. Die Kirche diente lange Zeit als Krönungskirche, wobei sich auch in diesem christlichen Bau die 150 Jahre während türkische Herrschaft widerspiegelt. Wer genau hinsieht, wird im Inneren der Kirche Dekorationen aus dem Orient entdecken.

I. | Szentháromság tér 2 | Bus: Szentháromság tér | www.matyas-templom.hu | Mo–Fr 9–17, Sa 9–12, So 13–17 Uhr | Eintritt 1200 Ft, erm. 800 Ft

❺ Rudas fürdő (Rudas-Bad) 🏃 B 7

Ungarn ist bekannt für seine Thermalbäder. Dabei reicht die Auswahl von prachtvollen Bauten des Jugendstils wie dem Széchényi-Bad bis hin zu Bädern, die noch heute die türkische Besatzung in Erinnerung rufen. Das Rudas-Bad ist eines von ihnen, und obwohl Abtauchen in warme Wellen besonders am Abend guttut, nachdem man einen ganzen Tag auf den Beinen war, ist das Rudas auch am Tag eine gute Wahl. Denn dann bricht sich das Tageslicht seinen Weg durch die kleinen Fenster der Kuppel und beleuchtet das achteckige Becken auf ganz einzigartige Weise. Doch Achtung! Für das Bad gibt es feste zeitliche Zugangsbeschränkungen. Damen baden immer dienstags unter der Kuppel, Herren am Montag, Mittwoch, Donnerstag und Freitag. Am Wochenende kann dann gemeinsam gebadet werden.

I. | Döbrentei tér 9 | Tram/Bus: Döbrentei tér | Tel. 01/3 56 10 10 | www.rudasfurdo.hu | Mo–Mi 6–18, Do–So 6–20, Fr und Sa 22–4 Uhr | Eintritt ab 2000 Ft (je nach Tageszeit)

6 Szentháromság tér A 6

Um diesen Platz herum spielte sich einst das königliche Leben der Habsburger Monarchen ab, und bis heute übt der Szentháromság tér eine starke Anziehungskraft auf Besucher der ungarischen Hauptstadt aus. Hier versammeln sich Straßenmusiker, Marionettenspieler, aber auch mal mehr, mal weniger talentierte Künstler. Manchmal lohnt sich ein Blick auf die ausgestellten Werke, denn unter dem oft gesehenen und mitunter technisch zweifelhaft ausgeführtem Touristennepp findet sich doch ab und zu mal das ein oder andere Schmuckstück. Nehmen Sie sich die Zeit, und schauen Sie den Künstlern beim Malen zu, Sie werden es nicht bereuen.

I. | Bus: Szentháromság tér

7 Várbazár (Burgbasar) A 6

Auch wenn es heute nur noch schwer vorstellbar ist, diente der von dem berühmten Architekten Miklós Ybl entworfene Burgbasar einst tatsächlich als Umschlagplatz für verschiedenste Waren. Mit der Fertigstellung des mehr als 30 Jahre lang dem Verfall preisgegebenen Basars erstreckt sich die Burg nun endlich auch wieder bis ans Donauufer.

I. | Ybl Miklós tér | Tram/Bus: Clark Ádám tér oder Tram: Döbrentei tér | Eröffnung im Sommer 2014

MUSEEN UND GALERIEN
RESTAURANTS

MUSEEN

8 Budapesti Történeti Múzeum (Budapester Geschichtsmuseum) ▸ S. 140

9 Magyar Nemzeti Galéria (Ungarische Nationalgalerie) ▸ S. 140

10 Országos Színháztörténeti Múzeum és Intézet (Ungarisches Theatermuseum und -institut) ▸ S. 142

11 Semmelweis Orvostörténeti Múzeum, Könyvtár és Levéltár (Medizingeschichtliches Museum, Bibliothek und Archiv Semmelweis) ▸ S. 143

ESSEN UND TRINKEN
RESTAURANTS

12 Arany Kaviár A 5

Wie zu Zeiten des Zaren – Pompös ist das Arany Kaviár eingerichtet, so viel steht fest. Dicke Teppiche dämpfen die Schritte, und das weiche Polster der Sitze lädt zum Verweilen ein. Das hat auch seinen Grund, denn im modernen russischen Restaurant legt man Wert auf das Gefühl, zu Hause zu sein. Und das gelingt in diesem Lokal. Nicht zu viele Tische, dafür aber genügend Platz dazwischen, aufmerksame Kellner, die bei der Auswahl des umfassenden Kaviarangebots über verschiedene geschmackliche Nuancen informieren, und leise Musik im Hintergrund machen das Kaviár perfekt. Die Speisenauswahl ist in Menüs unterteilt, wobei die Gerichte auch einzeln bestellt werden können. Wer kann und genug Appetit hat, sollte sich auf die Beratung und Zusammenstellung des Küchenchefs verlassen und sich einfach nur dem Genuss hingeben.

I. | Ostrom utca 19 | Metro/Tram/Bus: Széll Kálmán tér oder Bus: Mátray utca | Tel. 01/2 01 67 37 | www.aranykaviar.hu | Mo–So 12–15 und 18–24 Uhr | €€€€

13 Deryne Bistro A 6

Französisch – Am Fuß des Burgberges auf der westlichen Seite und von außen fast unscheinbar ist das 100 Jahre alte Deryne etwas für Feinschmecker französischer Küche. Zwar stehen die Tische etwas zu dicht beieinander, und die Musik ist insbesondere am Abend etwas laut, aber insgesamt ist das Bistro mit seiner zentralen Bar und den über mehrere Ebenen verteilten Tischen ein authentisches Stück Frankreich im »Paris der Donau«. Wer gerne nicht so viele Menschen um sich herum hat und außerdem einen genussvollen Start am Morgen bevorzugt, der sollte den Tag im Deryne beginnen. Am Abend werden, um die Wartezeit zu verkürzen, hauseigenes Baguette und Kräuterbutter gereicht.

I. | Krisztina tér 3 | Tram/Bus: Krisztina tér | Tel. 01/2 25 14 07 | www.bistro deryne.com | Mo–Do 7.30–24, Fr 7.30–1, Sa 9–1, So 9–24 Uhr | €€

⑭ Halászbástya 🏴 B 6

Gehoben traditionell – Wenn Sie den Blick von der Fischerbastei schon genossen haben, werden Sie ein Abendessen bei Kerzenschein unter Sternen hier lieben. Die Küche bietet ungarische Klassiker wie Rindsgulasch mit einem experimentellen Touch. Wie es sich für solch eine exklusive Adresse gehört, sind die Kellner nicht nur aufmerksam, sondern auch mehrsprachig, antworten auf Fragen zu Gerichten hilfsbereit, und wer sich bei der exquisiten Weinkarte nicht entscheiden kann, verlässt sich ganz einfach auf die Empfehlung des hauseigenen Sommeliers.

I. | Halászbástya, nördlicher Nachrichtenturm | Bus: Szentháromság tér | Tel. 01/2 01 69 35 | www.haaszbastya. eu | Mo–So 10–23.45 Uhr | €€€€

Wer den Eintritt bezahlt hat, darf auf die Fischerbastei (▶ S. 66) hinaufsteigen und wird mit einem wunderbaren Panorama über Budapest und die Donau mit ihren Brücken belohnt.

15 Horgásztanya Vendéglő B 6

Urig – Neben Gulasch ist die »Halászlé« (Fischerbrühe) ein echter ungarischer Klassiker, und obwohl es in diesem Land vor allem die weiten Flächen der Puszta und die Budaer Berge gibt, ist Fisch trotzdem fester Bestandteil der ungarischen Küche. So ist auch die Speisekarte im Horgásztanya eine Reise durch die ungarische Geschmackswelt. Kombiniert mit Paprika, Knoblauch, Zwiebeln, saurer Sahne und einigen weiteren Ingredienzien, schmecken die Gerichte dank des guten Fischs keinesfalls eintönig. Zugegeben, die Inneneinrichtung könnte etwas weniger pompös gehalten sein und die bemalten Wände weniger plakativ, aber dem guten Essen des Restaurants schadet das keinesfalls.

I. | Fő utca 27 | Tram/Bus: Halász utca | Tel. 01/2 12 37 80 | www.horgasztanya vendeglo.hu | Mo–So 12–24 Uhr | €€

16 Pavillon de Paris B 6

Romantisch – Zwar ist der Pavillon de Paris auch im Winter wegen seiner raffinierten Küche eine gute Wahl, aber nur bei gutem Wetter und milden Temperaturen entfaltet sich die volle Pracht des Restaurants. Unter einem dichten Blätterdach sitzt man selbst bei sengender Hitze am Tag noch angenehm, und auch die Menüauswahl variiert je nach Jahreszeit. Mit etwas Glück (oder einer rechtzeitigen Nachfrage) lässt sich ein Tisch am Fuß der alten Stadtmauer reservieren. Hier kann man das schöne Ambiente, bestehend aus dem alten Mauerwerk und Kletterpflanzen, und das gute Essen besonders genießen. Und die angenehm aufmerksamen, aber keineswegs aufdringlichen Kellner sind immer dann da, wenn man sie braucht.

I. | Fő utca 20 | Tram/Bus: Halász utca | Tel. 0 20/5 09 34 30 | www.pavillon deparis.hu | Mo–Sa 12–22 Uhr | €€€

17 Simon's Flat X 0

Schauen und schlemmen – Wohnungsrestaurants sind in Budapest immer beliebter. Dabei zeichnet sich jedes durch etwas ganz Besonderes aus. Im Falle von »Simon's Flat – Restaurant and Gallery« ist es die gelungene Kombination aus Kunst und Kulinarischem. Mit frischen, saisonalen Zutaten aus der Fővárosi Nagycsarnok erwartet Greta Simon ihre Gäste zu einem Fünf-Gänge-Menü. Dabei bietet ihre Wohnung den passenden Rahmen, um sich wie bei Freunden zu fühlen und nebenbei noch einige der interessantesten zeitgenössischen Künstler zu bestaunen. Denn bei Simon's wechselt nicht nur das Menü, sondern auch die aktuell ausgestellten Künstler. Achtung: Das Restaurant öffnet nur bei vorheriger Reservierung zum Mittag- oder Abendessen.

I. | Nándor utca 4 | Bus: Zrinyi utca | Tel. 0 70/3 91 49 18 | www.facebook. com/flatrestaurant | Mittagstisch 12– 15 Uhr | 5-Gänge-Menü zum Fixpreis (inkl. Wein passend zum Menü)

CAFÉS

18 Dunakavics B 6

Künstlerisch wertvoll – »Dunakavics« heißen die typisch ungarischen Süßigkeiten, die es schon lange vor der Wende gab und die bis heute wie kaum eine andere Nascherei für viele Ungarn gleichbedeutend sind mit süßer Kindheit. »Dunakavics« ist aber auch der

Traditionelle ungarische Kleidung aus bunt gemusterten Stoffen, Puppen und bestickte Deckchen gibt es auf dem Handwerkermarkt (▶ S. 72) am zentral gelegenen Dísz tér zu kaufen.

Name eines Cafés, das ganz im Trend der ungarischen Hauptstadt steht, nämlich Kunst und Kaffee unter einem Dach zu vereinen. Die Speisekarte bietet Kaffee- und Kuchenspezialitäten, doch vor allem am Abend entfaltet das kleine Lokal seinen Charme, wenn Gäste vom Spaziergang an der Donau entlang einkehren und sich das Gewirr an Sprachen zu einem Rauschen vermengt, das ein wenig klingt wie das Plätschern der Donau vor der Tür.

I. | Bem rakpart 15 | Tram/Bus: Halász utca | Tel. 020/5 62 16 36 | www. dunakavics.com | Mo–Sa 12–24 Uhr | €

EINKAUFEN
DESIGN
19 Girls next door ⬥ B 6

Budapest mausert sich immer mehr zur Modehochburg, wobei vor allem die Pester Seite der Stadt junge Designer anzieht. Auf der anderen Seite der Donau findet man mit dem »Girls next door« einen Ausstellungsraum der besonderen Art. Die Designerinnen Viki Hitka und Gabi Szendrey geben nicht nur ihren Labels Soulglobes, Accessoires und BOYSTOYSCREATURES, Grafiken, ein Zuhause, sondern monatlich auch einem anderen Künstler.

I. | Csónak utca 7 | Tram/Bus: Clark Ádám tér | www.heygnd.com | geöffnet nach vorheriger Anmeldung

KUNSTHANDWERK

20 Handwerkermarkt (Kézműves vázár) 🚤 X 0

Obwohl die ganze Stadt gerade während der Besuchersaison von wahren und vermeintlich »echt traditionellen« Angeboten nur so wimmelt, ist es doch schwer, sich zwischen all den Blumenmustern und Lederarbeiten zu entscheiden. Passend zum Ort gibt es auch im Burgviertel einen zentralen Platz, den Handwerkermarkt am Dísz tér. Hier gibt es bestickte Tischdecken, traditionelle ungarische Kleidung, Schmuck und Lederarbeiten. Doch Vorsicht, zwischen den Gängen haben Taschendiebe ein leichtes Spiel.
I. | Disz tér | Bus: Dísz tér | Mo–So 10–18 Uhr

LEBENSMITTEL

21 Az élet étterme 🚤 A 6

»Das Restaurant des Lebens« – Die Stadt lockt mit süßen Verführungen, da ist ein Besuch im »Az élet étterme« eine gute Alternative. Das erste Rohkost-Restaurant bietet Köstliches aus Obst und Gemüse – ganz ohne Kochen oder Backen. Dabei gibt es Spaghetti, Palacsinta (ungarische Eierkuchen) und Gemüseburger und die Garantie, dass alle Zutaten zu 100 % aus biologischem Anbau stammen. Die Idee gesunder Ernährung funktioniert so gut, dass das Élet étterme auch eine Konditorei in Budapest eröffnet hat.
Konditorei: I. | Balambér háza | Pauler utca 8 | Tram: Krisztina tér | Mo–Fr 11–19, Sa 11–14.30 Uhr

KULTUR UND UNTERHALTUNG

BARS

22 Andante Borpatika 🚤 X 0

Wein aus allen Regionen – Ein Teil der Kulturlandschaft des Tokajer Weingebiets wurde 2002 zum UNESCO-Weltkulturerbe erklärt. Doch auch außerhalb der 5800 ha wird erstklassiger Wein angebaut. Wer sich im Herzen Budapests durch die ungarische Weinlandschaft probieren möchte, hat dazu in der Andante Borpatika (Vinothek) die Chance. Den Blick über das Pester Panorama schweifen lassen und dabei dem auftretenden Musiker lauschen, das sind die Momente, für die das Andante eröffnet wurde. Dabei fällt angenehm auf, dass es hier nicht um hochtrabende Weinkenner und ein möglichst umfassendes Wissen geht (das die Kellner zweifelsohne besitzen). Vielmehr lernt man im Andante Wein auf eine ganz neue Weise kennen, als Familientradition, die in jedem Weinkeller anders, aber mit viel Liebe zum Detail weitergegeben wird. Bei einer der regelmäßig stattfindenden Weinverkostungen können Sie dies alles kennenlernen.
I. | Bem rakpart 2 | Tram/Bus: Clark Ádám tér | Tel. 01/4 57 08 07 | www.andante.smartworks.hu | Mo–So 12–23.30 Uhr | €€

KONZERT

23 Francia intézet (Französisches Institut) 🚤 B 6

Zwar gibt es historisch nicht sonderlich viele Anknüpfungspunkte zwischen Frankreich und Ungarn, und doch ist die französische Kultur fester Bestandteil Budapests. Am deutlichsten wird dies wohl im Französischen

Institut (Francia intézet), das es sich, ähnlich wie das Goethe Institut für die deutsche Sprache, zur Aufgabe gemacht hat, die Landessprache und Kultur auch im Ausland Interessierten näherzubringen. Das Institut bietet neben wechselnden Ausstellungen auch Musikabende und Filmvorführungen sowohl in den Räumlichkeiten des Instituts als auch in Kooperation mit anderen Häusern.

I. | Fő utca 17 | Tram/Bus: Halász utca | Tel. 01/4 89 42 00 | www.francia intezet.hu | Mo–Fr 7.15–21, Sa 8–13.30 Uhr

TANZ

24 Nemzeti Táncszinház (Nationales Tanztheater) **B 6**

Klassik trifft auf Moderne, und an wenigen Stellen passiert dies so deutlich wie im Nationalen Tanztheater im Burgviertel. Zwischen Nationalgalerie und Matthiaskirche in einem der herrschaftlichen Paläste befindet sich die Hauptspielstätte des Tanztheaters. Neben eigenen modernen Produktionen überlässt das Theater seine Bühne auch Ensembles aus anderen Städten und Ländern. Das Györer Ballett beispielsweise ist ein häufiger und vom Publikum stets freudig empfangener Gast. Kurzentschlossene seien gewarnt: Das hauptstädtische Publikum schätzt die Vorstellungen des Nationalen Tanztheaters sehr, für besonders beliebte Stücke sind Karten schnell vergriffen. Es lohnt sich also, schon vor der Reise einen Blick in den Spielplan zu werfen.

I. | Szinház utca 1–3 | Bus: Dísz tér | Tel. 01/2 01 44 07 | www.nemzetitancszinhaz. hu | Kartenverkauf Mo–Do 10–17, Fr 10–15 Uhr

Anlässlich des 200. Geburtstags des Komponisten tanzen Mitwirkende des Nationalen Tanztheaters (▶ S. 73) in einer Choreografie von Attila Gergely zu Musik von Giuseppe Verdi.

V. BEZIRK

Im Herzen der ungarischen Hauptstadt, auf der Pester Seite der Donau, befindet sich der V. Bezirk. Das ungarische Parlament und die größte Basilika der Stadt, belebte Plätze sowie glanzvolle Kaffeehäuser bestimmen das Bild dieses Bezirks.

Gegenüber der Burg, auf der anderen Seite der Donau, erstreckt sich der V. Bezirk, in dem sich heute das Regierungsviertel mit Parlament und vielen Ministerien befindet. Das von Architekt Imre Steindl entworfene Parlamentsgebäude ziert seit 1904 das östliche Donauufer. Sein Platz wurde bewusst gewählt, ging seinem Bau doch der Freiheitskampf von 1848/49 voraus, der zwar von den Habsburgern niedergeschlagen wurde, doch als dessen Ergebnis dem ungarischen Volk ein Mehr an Selbstbestimmung zugestanden wurde. Nur wenig später, im Jahr 1873, schlossen sich die drei Gemeinden Pest, Buda und Óbuda zusammen, und die heutige Hauptstadt Budapest entstand.

Doch bereits im 11. Jh. wurde dort schon Handel getrieben. Im Laufe der Jahrhunderte entwickelte sich Pest ebenso wie Buda und erreichte seine mittelalterliche Blüte unter König Matthias im 15. Jh.

◂ Das ungarische Parlament (▸ S. 75) am Ufer der Donau in der Morgendämmerung.

Der V. Bezirk ist bis heute das politische Zentrum von Budapest. Ministerien und viele Botschaften finden sich hier. Und immer wieder wird vor oder um das Parlament herum demonstriert, weshalb man auch davon spricht, dass der V. Bezirk nicht zur Ruhe kommt. Bis heute ist der V. Bezirk einer der beliebtesten innerstädtischen Bezirke. Viel Grün, weitläufige Wohnungen und sichere Straßen zeichnen die Innenstadt aus. Neben allen wichtigen Regierungsinstitutionen und Ministerien ist der V. Bezirk aber auch eine gute Adresse für gelungene Abende. Adressen gibt es zuhauf, manchmal lohnt sich auch einfach nur ein zielloser Spaziergang durch das Viertel, um einen angenehmen Abend zu verbringen.

SEHENSWERTES

❶ Gresham-palota (Gresham-Palast)   🛥 C 6

Der Gresham Palast ist einer der prachtvollsten Bauten in ganz Budapest. Das Haus ist ein Kleinod des ungarischen Jugendstils, eine Besonderheit sind die lichtdurchfluteten Innenhöfe. Aber auch von außen finden sich Hinweise auf die Gründerzeit. Die schmiedeeisernen Tore, Mosaike an den Wänden und Scheiben aus Bleiglas erinnern an die Blütezeit Budapests zu Beginn des 20. Jh. Heute beherbergt der Palast das Four Seasons Hotel und hat dem Gellért den Rang als Erstes Haus am Platz abgelaufen.

V. | Széchényi István tér 5-6 | Tram: Széchényi István tér | www.fourseasons. com/budapest

Panoramablick am Donauufer   1

Mit einer Flasche Wein vom Markt und ein paar Straßenmusikern ist das Donauufer der perfekte Platz, um am Abend den schönen Blick auf das hell erleuchtete Burgviertel und die Zitadelle zu genießen (▸ S. 12).

⭐ Országháza (Parlament)   🛥 B–C 5

Ein Staatsgast aus einem fernen Land fragte einst während der Besichtigung, für welchen König dieses Schloss gebaut wurde. Tatsächlich ist das ungarische Parlament nicht nur das zweitgrößte Regierungsgebäude Europas, sondern wohl auch eines der schönsten.

Blattgold, Marmorsäulen, und samtene Teppiche gehören ebenso zur Ausstattung wie eine Zentralheizung und die frühe Konstruktion einer Klimaanlage, die Steindl bewirkte, indem er von zwei Brunnen über Luftschächte wassergekühlte Frischluft ins Parlament schleusen ließ. Im Kuppelraum des Parlaments sind die Heilige Stephanskrone und andere Krönungsinsignien wie Reichsapfel und Zepter ausgestellt. Ein Blick auf die Homepage vor dem Besuch lohnt sich, denn zum einen ist die Besichtigung nur nach Voranmeldung möglich, und zum anderen gibt es zu festen Zeiten einen Wachwechsel, bei dem die Soldaten in ausgeklügelten Choreografien an- und abtreten.

V. | Kossuth Lajos tér | Metro/Tram/Bus: Kossuth Lajos tér | www.parlament.hu | 1. April–31. Okt. Mo–Fr 8–18, Sa und So 8–16, 1. Nov.–31. März Mo–So 8–16 Uhr | Eintritt Erwachsene (EU-Bürger) 1750 Ft (Nicht-EU-Bürger 3500 Ft), Kinder bis 18 Jahre (EU-Bürger) 875 Ft (Nicht-EU-Bürger 1750 Ft)

② **Párizsi udvar (Pariser Hof)** C7

Lange Zeit war das Brudern-Haus der Sitz der Innerstädtischen Sparkasse. Als Besonderheit des eklektischen Baus galt dessen Innenhof, der Pariser Hof, in dem sich Geschäfte aller Art befanden. Leider ist der Pariser Hof derzeit wenig belebt, doch seiner Schönheit tut dies keinen Abbruch. Die reichen Holzschnitzereien und das Dach aus Bleiglas vermitteln bis heute die Eleganz vergangener Zeiten. Einzig das **Eiscafé** (Jégbüfé) mit köstlichem Angebot konnte sich im Haus halten.

V. | Ferenciek tere 10 | Metro/Bus: Ferenciek tere | www.jegbufe.hu | Mo,

Di, Do–Sa 7–21.30, Mi 7–20.30, So 8–21.30 Uhr | €

★ **Szent István-bazilika (St.-Stephans-Basilika)** C6

Die Kuppel und zwei Türme der Kirche prägen das Stadtbild von Budapest. Der Bau im Stil der Neorenaissance entstand zwischen 1851 und 1906. Wie auch für den Burgbasar im I. Bezirk und viele weitere Prachtbauten der Stadt zeichnete bei der Szent István-bazilika Miklós Ybl für die Planung verantwortlich. Benannt ist die Kirche nach Staatsgründer König Stephan. Mit 96 m ist die Basilika das dritthöchste Gebäude des Landes, der Blick hinab von der Kuppel ist atemberaubend. Doch auch im Inneren des Gotteshauses gibt es Schönes zu besichtigen. Prächtige Verzierungen in Gold und Marmor zeugen von der wichtigen Stellung des Christentums zu Zeiten der k.-u.-k.-Monarchie. Ein Erlebnis sind Orgelkonzerte in der Basilika, wenn sich zur Schönheit des Inneren der erhebende Klang der Orgel gesellt.

V. | Szent István tér 1 | Metro: Bajcsy-Zsilinsky út oder Bus: Szent István Bazilika oder Metro/Bus: Arany János utca | www.bazilika.biz | Mo–Sa 10–15 Uhr | Eintritt 1100 Ft (inkl. Kuppel: 1600 Ft), erm. 900 Ft (inkl. Kuppel: 1200 Ft)

③ **Váci utca** C7

Vom Fővám tér bis zum Vörösmarty tér sind es knapp 1,5 km, und »Schaufensterbummeln« ist wohl nur selten so vielfältig wie auf der Flaniermeile Budapests. Auf der Váci utca finden sich Läden mit bekannten Marken aus aller Welt, von Bekleidung über Schuhe bis hin zu Kosmetik. Dazwischen gibt

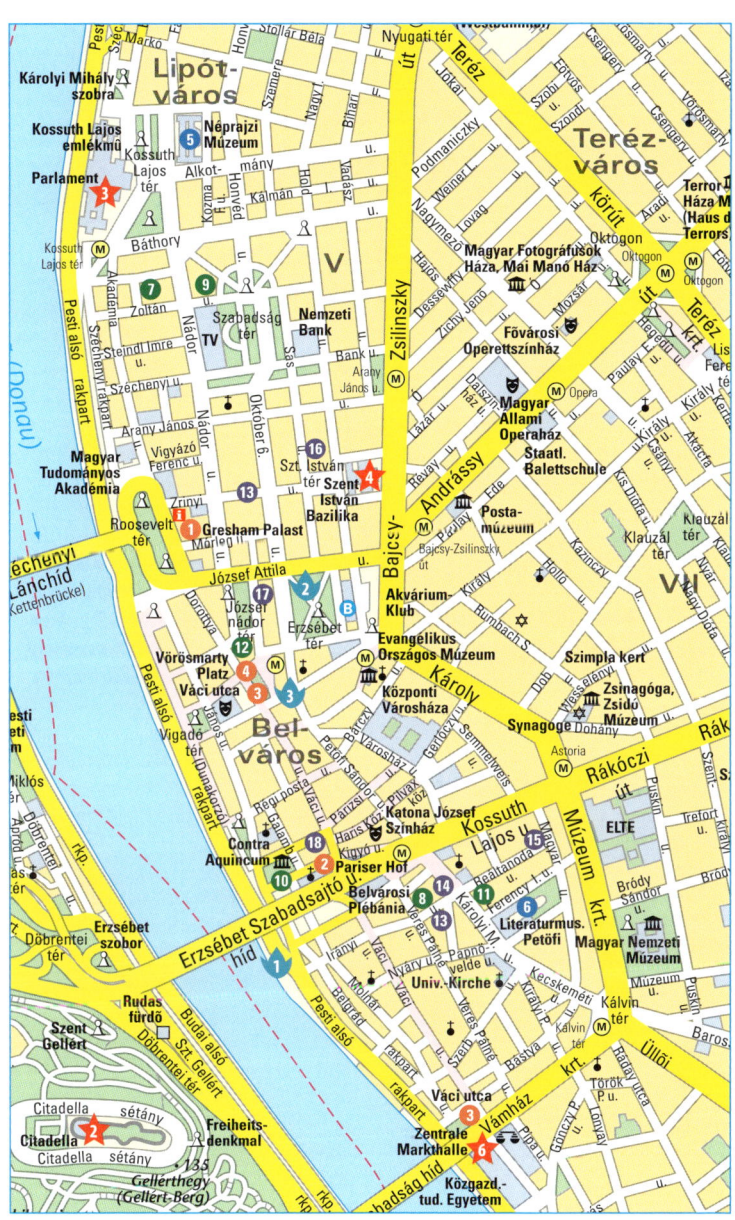

es immer wieder Restaurants, die aber wegen ihrer exklusiven Lage leider in den seltensten Fällen durch ein gutes Preis-Leistungs-Verhältnis überzeugen können. Schlendern Sie lieber die Schaufenster entlang, und lassen Sie sich von der Vielfalt verzaubern.

V. | Váci utca | Tram/Bus: Fővám tér | Metro: Vörösmarty tér

Am Puls der Stadt   **2**

Leben und leben lassen heißt es am Erzsébet tér. Grünflächen für Entspannungswillige, Straßenmusiker, Akrobaten – bei gutem Wetter ist dies vermutlich der belebteste Ort der Stadt (▶ S. 13).

④ Vörösmarty tér (Vörösmarty-Platz)   C 6

Egal, ob im Sommer oder im Winter, auf dem wunderschönen Platz zu Beginn der Váci utca pulsiert das Leben. Während in der Vorweihnachtszeit einer der schönsten Kunsthandwerkermärkte der Region zum Schlendern und Schnäppchenmachen verleitet, ist der Vörösmarty tér im Sommer beliebte Anlaufstelle für Straßenmusiker.

V. | Vörösmarty tér | Metro: Vörösmarty tér

Musik von Herzen   **3**

Im Herzen der Stadt, rund um den Vörösmarty tér, trifft sich im Sommer die Crème de la Crème ungarischer Straßenmusiker, und auch durchreisende Künstler geben sich hier die Ehre (▶ S. 13).

MUSEEN UND GALERIEN
MUSEEN

⑤ Néprajzi Múzeum (Ethnografisches Museum) ▶ S. 141

⑥ Petőfi Irodalmi Múzeum (Literaturmuseum Petőfi) ▶ S. 142

ESSEN UND TRINKEN
RESTAURANTS

⑦ Az élet étterme   C 5

Das Restaurant des Lebens – Die Stadt lockt mit süßen Verführungen, da ist ein Besuch im »Az élet étterme« (»Das Restaurant des Lebens«) eine gute Alternative. Das erste Rohkost-Restaurant bietet Köstliches aus Obst und Gemüse – ganz ohne Kochen oder Backen. Dabei gibt es Spaghetti, Palacsinta (ungarische Eierkuchen) und Gemüseburger und die Garantie, dass alle Zutaten zu 100 % aus biologischem Anbau stammen und alle Gerichte äußerst gesund sind. Die Idee gesunder Ernährung – auch zum Mitnehmen – funktioniert so gut, dass das Élet étterme gleich mehrere Filialen über Budapest verteilt eröffnet hat, u. a. auch eine Rohkost-Konditorei.

V. | Garibaldi utca 5 | Metro/Tram: Kossuth Lajos tér

⑧ Grinzingi Borozó   C 7

Gutbürgerlich und authentisch – Obwohl mitten in der Stadt gelegen, wirkt das Grinzingi, als wäre es nicht mit der Zeit gegangen. Während man draußen die Sonne und das pulsierende Budapester Flair genießen kann, flimmern drinnen Sportsendungen über den Fernseher, Stammgäste bekommen ihr Bier oder ihren Lieblingswein wortlos gebracht, und eine Auswahl an Gerichten ist servierfertig auf dem Tresen angerichtet, der wiederum den Charme einer Schulmensa versprüht. Und trotzdem: Das Grinzingi ist ein Muss. Denn an nur wenigen Orten kann man in so zentraler Lage so gute ungarische Küche zu so günstigen Preisen bekommen – und das alles in freundlicher und familiärer Atmosphäre. Wer nach dem ersten Mittagsansturm das Lokal aufsucht, dem kann es passieren, dass einige Gerichte bereits nicht mehr zu haben sind, aber die Auswahl ist so breit gefächert, dass bisher niemand das Grinzingi hungrig wieder verlassen musste.

V. | Veres Pálné utca 10 | Metro/Bus: Ferenciek tere | Tel. 01/3 17 46 24 | www. grinzingi.hu | Mo–Sa 9–1, So 11–23 Uhr | €–€€

9 Iguana C 5

Feurig mexikanisch – Egal, wann man das Iguana betritt, es wird immer gute Musik gespielt und auch die Stimmung ist gut. Im sonst etwas steifen Regierungsviertel ist dieses authentisch mexikanische Restaurant eine nette Abwechslung. Die Karte hält für Kenner der südamerikanischen Küche zwar keine Überraschungen bereit, dafür sind die Gerichte aber reichhaltig und äußerst schmackhaft. Gelegentlich wünscht man sich die Musik etwas leiser, aber irgendwie passt doch alles zusammen, und nach einem Tequila ist dann auch die Musik nicht mehr zu laut, das Essen dafür schnell auf dem Tisch und die Stimmung insbesondere am Abend stets gelöst.

V. | Zoltán utca 16 | Metro/Tram/Bus: Kossuth Lajos tér | Tel. 01/3 02 75 57 | www.iguana.hu | Mo–So 11.30–1 Uhr | €€

10 KIOSK  C 7

Frisch, Frischer, KIOSK – Erst seit Mai begrüßt das KIOSK seine Gäste im Herzen der Stadt, dafür aber mit einer bunten Palette an Angeboten. Ein bisschen Ruinen-Pub, ein bisschen Restaurant, ein bisschen Partylocation. Der Mix der Stile geht auf, und so lässt es sich im KIOSK ebenso gut zu Mittag essen wie am Abend ein Glas Wein genießen oder den sonntäglichen Kaffee in familiärer Atmosphäre trinken. Die Speisekarte reicht dabei von ungarischen Klassikern wie Gänsekeule (ein Muss!) über Geflügelspezialitäten bis zu kulinarisch verwandelten Themenabenden.

V. | Március 15. tér 4 | Metro/Bus: Ferenciek tere, Tram: Petőfi tér | Mi–Sa 12–1, So 12–18 Uhr

CAFÉS

11 Central Café C 7

Ein Stückchen Wien – Das Central Café ist eines der schönsten Kaffeehäuser der Stadt. Die hohen Decken, die Wanddekorationen im Stil der Wiener Secession, die lange Theke und die hauseigenen Macarons – wer einmal im Central war, wird die gelungene Mischung aus Kaffeehauskultur und modernem innerstädtischem Flair schnell lieben lernen. Vor allem am Abend trifft man auf ein bunt gemischtes Publikum, bei dem sich Paare gehobenen Alters nach ihrem Theaterbesuch nicht daran stören, wenn am Nachbartisch Studenten über die nächste Partyadresse diskutieren.

V. | Károly Mihály utca 5 | Metro/Bus: Ferenciek tere | Tel. 01/2 66 21 10 | www. centralkavehaz.hu | Mo–So 8–23 Uhr | €€€

Dunkle Holzmöbel, hohe Stuckdecken und große Panoramafenster kennzeichnen die Budapester Kaffeehäuser der Kaiserzeit. Das schöne Central Café (▶ S. 79) besteht seit 1887.

⑫ Gerbeaud 🔖 C 6

Echte Kaffeehauskultur – Schon seit 1858 verwöhnt das Gerbeaud seine Gäste, und bis heute hat es sich das hinreißende Flair eines echten Kaffeehauses bewahrt. Dazu tragen besonders die Kellner mit ihren scharf gebügelten Hemden, das Stimmengewirr in den verschiedenen Räumen, aber vor allem der Duft nach frischem Kaffee und Kuchen bei. Wer im Gerbeaud einkehrt, sollte unbedingt die »Dobos torta« versuchen, ein ungarischer Klassiker und eine Spezialität des Hauses oder aber den »Gerbeaud«, eine Kuchenspezialität, die auf Emil Gerbeaud zurückgeht, den Gründer des Hauses. Am besten ist, man bestellt die »Gerbeaud-Kuchenauswahl«, dann erhält man zusätzlich auch noch die »Eszterházy torta« zum Probieren.

Wer es herzhafter mag, sollte zum Mittag- oder Abendessen im Gerbeaud Bistro vorbeischauen. Frischer und moderner, aber nicht weniger schmackhaft, sind die Gerichte hier. Besonders zu empfehlen ist der »Fisch des Tages«, der je nach Angebot auf dem Markt ausgewählt und mit Grillgemüse gereicht wird.

V. | Vörösmarty tér 7–8 | Metro: Vörösmarty tér (Metrolinie 1) oder Metro/Tram/Bus: Deák Ferenc tér | Tel. 01/4 29 90 00 | www.gerbeaud.hu | Kaffeehaus Mo–So 9–21 Uhr, Bistro Mo–So 12–23 Uhr | €€€

EINKAUFEN
ANTIQUITÄTEN

⑬ Ernst-Galerie 🔖 C 6–7

Internationaler geht es fast nicht: Eine Griechin und ein Österreicher betreiben eine Galerie in Budapest. Die Ernst-Galerie ist die beste Adresse, wenn man nach authentischen Antiquitäten und ungarischen Unikaten sucht. Dabei bietet die Galerie Malereien, Möbel, Keramiken, aber auch kleine Skulpturen und zeitechte Plakate. Ein Blick in eines der beiden Geschäfte lohnt sich immer, denn mit etwas Glück haben die Besitzer Eleni Korani und Ernst Wastl gerade wieder ein neues Schmuckstück von einer ihrer Reisen mitgebracht.

www.ernstgaleria.hu
– V. | Irány utca 27 | Tel. 01/2 66 40 16 | Metro/Bus: Ferenciek tere | Mo–Fr 10.30–18, Sa 11–14 Uhr, So nach Vereinbarung
– V. | Zrínyi utca 14 | Tel. 01/2 66 40 17 | Metro: Bajcsy-Zsilinsky út, Bus: Szent István Bazilika oder Metro/Bus: Arany János utca | Mo–Sa 11.30–18 Uhr

MODE
14 **Black Box Concept Store** ▶ S. 40

15 **Lollipop Factory** ⚑ C7

In Budapest schießen junge Labels wie Pilze aus dem Boden, jedes mit eigenem Stil und eigener Ausrichtung. Eines dieser Labels ist die Lollipop Factory, aus der mittlerweile ein eigener Begriff geworden ist, denn in den Räumlichkeiten der Fabrik kommen Künstler und Kreative zusammen. Die Ergebnisse können entweder in der Ausstellung betrachtet oder in Form von Kleidung mitgenommen werden. »Klasse statt Masse« ist das Leitmotiv der Designer, deswegen werden Pullover und Co. nur als Einzelstücke produziert. Ideen für wirklich originelle Mitbringsel finden Sie hier also zuhauf.

V. | Magyar utca 18 | Metro/Tram/Bus: Astoria | www.lollipopfactorybudapest.com | Mo–Fr 11–19.30, Sa 12–17 Uhr

Wollen Sie's wagen?

Fast fühlt man sich wie James Bond, wenn der Bus des Riverride vom Asphalt hinab ins Wasser rollt, um die ungewöhnliche Tour dort fortzusetzen. Das Amphibienfahrzeug ermöglicht es, eine Stadtführung zu Land und zu Wasser zu erleben – ohne umzusteigen.

Széchényi István tér 7/8 | Bus: Széchényi István tér | www.riverride.hu | Abfahrt 1. April–31. Okt. 10, 12, 15, 17, 1. Nov.–31. März 11, 13, 15 Uhr | Ticket: 7500 Ft, Kinder 5000 Ft

16 **Use unused** ⚑ C6

Zart, weiblich, vielseitig – so lässt sich das Label »Use unused« beschreiben. Drei junge Designer stehen dahinter und gleichzeitig stellvertretend für eine Generation neuer Talente in der Donaumetropole. Alle drei bringen ihren eigenen Stil ein, doch vereint sie immer der Wunsch nach funktionaler Kleidung, in der sich die Trägerin ganz als Frau fühlen kann. Im Showroom kann nach Herzenslust gestöbert werden.

V. | Sas utca 16 | Metro: Bajcsy-Zsilinsk út | Mo–Mi 10–18, Do 10–19, Fr 10–16 Uhr

PORZELLAN
17 **Apponyi Márkabolt (Herender Porzellan)** ▶ S. 40

SCHUHE
18 **Vass Schuhe** ▶ S. 41

XI. BEZIRK

*Parks und Naherholungsgebiete, kleinere Berge und Seen, Thermal-
quellen und Bäder kennzeichnen den XI. Bezirk Budapests, der sich
regelrecht grün präsentiert. Weil das Viertel so gar nicht wie ein
Innenstadtbezirk von Buda wirkt, ist es bei Familien sehr beliebt.*

Der XI. Bezirk ist der größte Bezirk der Stadt. Hier wohnen vor allem
alteingesessene Budapester, aber auch immer mehr junge Familien, denn
der Bezirk mausert sich langsam zu einem Szeneviertel. Der ganze Bezirk
versprüht mediterranen Flair, Straßencafés und Galerien prägen das
Stadtbild genauso wie Fahrradfahrer, die in dieser Gegend der Stadt fast
schon überproportional häufig vorkommen. Ein wenig ist es, als wäre
man weit weg vom Stadtkern, denn im Bezirk ist es wunderbar grün,
überall gibt es Parks und Bänke, die einfach zum Bleiben und Ausruhen
einladen. Dabei war der XI. Bezirk noch bis zum Ende des 19. Jh. nicht
nur dem I. Bezirk zugeordnet, sondern auch stark landwirtschaftlich
geprägt. Tatsächlich wurde in dem heute hippen Viertel früher vor allem
Wein angebaut. Erst zu Beginn des 20. Jh. wuchs die Bevölkerungsdichte.
Das Stadtbild zeugt bis heute vom Bauboom der Gründerzeit. Insbeson-

◀ Im Jugendstil gehalten: das Gellért-Thermalbad (▶ S. 84) auf dem Gellért-Berg.

dere entlang des Bartók Béla út sollte man den Blick immer wieder die Häuserfassaden entlang hinaufwandern lassen. Auch der Campus der Technischen Universität Budapest, der das Bild des Donauufers neben dem Gellért Berg entscheidend prägt, stammt aus dieser Zeit. Und obwohl der XI. Bezirk touristisch vielleicht weniger im Fokus steht, ist er keinesfalls weniger interessant, denn hier lässt sich Budapest einmal von seiner weniger aufgeregten, dafür aber familiäreren Seite erleben. Wie lang das allerdings noch so bleibt, ist nicht sicher, denn es tut sich viel entlang des Bartók Béla út. Während sich die Designer auf der Pester Seite der Innenstadt tummeln, scheint der XI. Bezirk immer mehr zum neuen Hotspot für junge Künstler und Galerien zu werden. Auch die Stadtplaner scheinen hierauf reagiert zu haben, denn bereits jetzt gibt es erste Bestrebungen, die Spaziermeile Váci utca über die Szabadság híd hinaus auch auf der Budaer Seite fortzusetzen. Eine durchaus charmante Entwicklung, die dem familienfreundlichen Bezirk sicher nicht schaden wird. Außerdem hat der Bezirk eine kleine Besonderheit vorzuweisen: Die größte Minderheit stellen die Deutschen.

SEHENSWERTES

① Feneketlen tó (»Boden ohne Grund«-See) 🚋 B 9

Der Name des kleinen Teichs mitten in der Stadt scheint etwas übertrieben, ist er doch selbst an der tiefsten Stelle nur etwa vier Meter tief. Seine Entstehung ist gut dokumentiert. Im Jahr 1877, als am heutigen Kosztolányi Dezső tér noch eine Ziegelei stand, sollte eine Lehmgrube vertieft werden. Dabei stieß man auf einen unterirdischen Wasserfluss, der bis heute den kleinen Teich (zum Teil) speist.

Am Tag ist der Feneketlen tó ein beliebter Platz für Hundebesitzer, Schüler und Studenten, die das Gelernte wiederholen oder einfach nur ganz unbekümmert hier ihre Zeit verbringen. Am Abend wiederum sieht man frisch Verliebte und schon länger Liierte auf den Bänken rund um den Teich sitzen.

🕐 Am späten Nachmittag glitzert die Oberfläche des Sees in der untergehenden Sonne besonders schön.

XI. | Kosztolányi Dezső tér | Tram/Bus: Kosztolányi Dezső tér

❷ Gellért Fürdő (Gellért-Bad) 〰 C 8

Fast möchte man sagen, in Budapest kann man kaum einen Schritt tun, ohne über ein Thermalbad zu stolpern. Das dem Gellért Hotel angeschlossene Bad ist eines dieser Thermalbäder und noch dazu eines der schönsten. Das Hotel der Jahrhundertwende gilt selbst unter den zahlreichen Prachtbauten der Stadt als ein herausragendes Beispiel des ungarischen Jugendstils. Tatsächlich ist das Innere so reich verziert, dass es empfehlenswert ist, sich zuerst sattzusehen, bevor man ins Bad steigt, denn bei regem Andrang kommt es sonst zu Kollisionen im Wasser. Und zu sehen gibt es eine Menge. Skulpturen schmücken das Innere genauso wie wunderschön und reich verzierte Kacheln an den Wänden. Auch der Außenbereich mit Erlebnisbad kann sich sehen lassen. Leider ist das Bad im Sommer oft sehr gut besucht, wer in Ruhe das Thermalwasser genießen möchte, dem sei der frühe Vormittag empfohlen.

XI. | Kellenhegyi út 4 | Tram/Bus/Schiff: Gellért tér | Tel. 01/4 66 61 66 | www. gellertfurdo.hu | Mo–So 6–20 Uhr | Eintritt Erwachsene 4900 Ft (Wochentag), 5100 Ft (Wochenende), Kinder 3100 Ft

❸ Kopaszi Gát (Kopaszi-Damm) 〰 C 9

Etwas außerhalb des Stadtzentrums liegt der Kopaszi-Damm, ein erst vor wenigen Jahren eröffnetes Naherholungsgebiet. Das gepflegte Grün und der kostenlose Sandstrand machen den Damm besonders bei Familien sehr beliebt. Tatsächlich sind ganztägige Ausflüge kein Problem. Es gibt auf dem

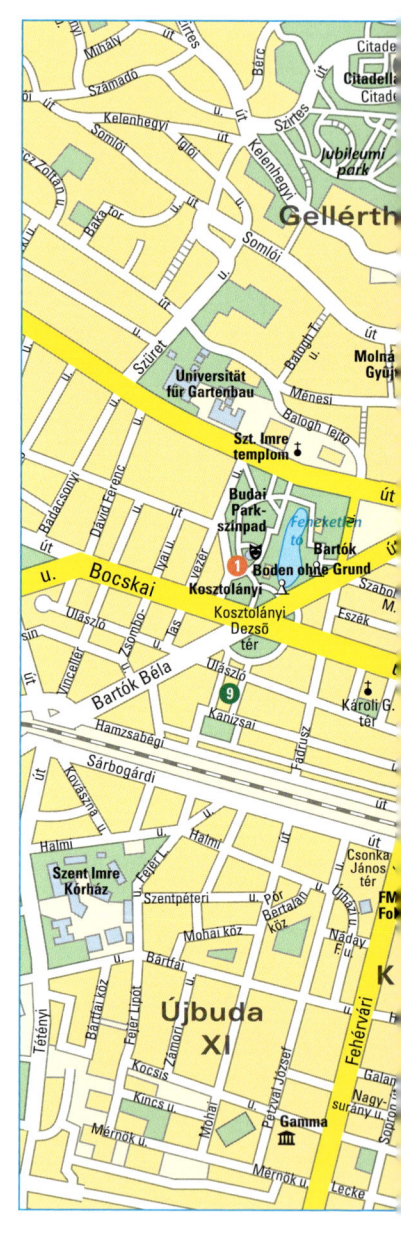

© MERIAN-Kartographie

Damm reichlich Gastronomie, vom simplen Lángos-Stand bis zu italienischen Spezialitäten findet sich fast alles auf dem zehn Hektar großen Gelände. Eine wirklich angenehme Überraschung ist, dass es auf dem gesamten Damm gestattet ist, den Rasen nicht nur zu betreten, sondern ihn auch mit Decken zu belegen oder auf dem Rasen Sport zu treiben. Wer sich abkühlen möchte, kann dies auch, denn der Damm schließt einen kleinen Abschnitt der Donau ein, und der gepflegte Sandstrand lässt ein wenig Mittelmeer-Stimmung aufkommen. Leider ist der Damm mit öffentlichen Verkehrsmitteln schlecht zu erreichen, aber von der Budaer Seite der Petőfi híd kann man, vorbei am Campus der Eötvös-Lóránt-Universität, die Donau entlang bis zum Eingang des Damms spazieren.

XI. | Kopaszi gát | Bus: Pázmány Péter Sétány oder Tram/Bus: Petőfi híd Budai hídfő | www.obol.hu | Mo–So 6–22 Uhr

---

Hoch über der Stadt 4

Den wohl schönsten Panoramablick über Budapest bietet der Sashegy-Aussichtspunkt. Mit dem Bus der Linie 8 ersparen Sie sich den langen Weg hinauf. Selbst ein Naturlehrpfad für an Flora und Fauna Interessierte findet sich hier oben (▶ S. 13).

---

4 **Sziklakápolna (Felskapelle)**

Vom Gellért tér aus gut sichtbar ist das vergitterte Tor, welches den Eingang zur Felsenkapelle kennzeichnet. Dabei ist der Name irreführend, denn die Kapelle im Inneren des Bergs ist eine Höhlenkapelle. Der Name stammt noch aus einer Zeit, in der sich nur der Altar im Inneren des Bergs befand und das Kirchenschiff selbst unter freiem Himmel, auf der Felsterrasse vor dem Höhleneingang. Die Ausgestaltung im Inneren ist beeindruckend, da hier grobe Höhlenwände auf christliche Kunst treffen und sich all dies zu einem einheitlichen Ganzen verbindet.

XI. | Gellért tér | Tram/Bus/Schiff: Gellért tér | www.sziklatemplom.hu | Mo–Sa 9.30–19.30 Uhr | Eintritt 500 Ft, erm. 400 Ft

MUSEEN UND GALERIEN
GALERIEN

5 **Godot Galéria (Godot-Galerie)**
▶ S. 144

6 **Próféta Galéria (Próféta-Galerie)**
▶ S. 145

ESSEN UND TRINKEN
RESTAURANTS

7 **Szeged Vendéglő** C 8

Musik liegt in der Luft – Beim Szeged Vendéglő ist man geneigt, vorschnell zu urteilen. Da es in unmittelbarer Nähe zum Gellért Hotel liegt und außerdem eine urtümlich ungarische Inneneinrichtung mit etwas zu dick aufgetragener Folklore vereint, meint man, sich in einem Touristenlokal zu befinden. Aber weit gefehlt! Im Szeged ist man herzlich, und obwohl es insbesondere in den Sommermonaten schwierig sein kann, hier spontan einen Tisch zu bekommen, ist das Lokal trotzdem wärmstens zu empfehlen. Die Zutaten im Szeged stammen von Bauern und Fischern aus der Re-

XI. Bezirk | 87

gion, hier wird Wert auf frische Produkte gelegt. Und das schmeckt man auch. Das Gulasch zergeht auf der Zunge, so fein ist es, und der Wein dazu rundet das Geschmackserlebnis ab. Fast täglich tritt eine Zigeunergruppe auf und spielt traditionell ungarische Musik und Roma-Stücke. Alles in allem bietet das Szeged eine gute Möglichkeit, die ungarische Küche in lockerer Atmosphäre kenenzulernen.

XI. | Bartók Béla út 1 | Tram/Bus/Schiff: Gellért tér | Tel. 01/2 09 16 68 | www.szegedvendeglo.hu | Mo–So 12–23 Uhr | €–€€

CAFÉS

8 Hadik Kávéház C 8

Geschichtsträchtig – Das Hadik Kaffeehaus blickt auf eine bewegte Geschichte zurück, denn hier trafen sich in den 1920er-Jahren die großen Literaten der Zeit, unter ihnen Frigyes Karinthy, Dezső Kosztolányi und Zsigmond Móricz, nach denen auch Straßen und Plätze im Viertel benannt sind. Bis heute hält sich die hartnäckige Legende, dass der Kaffee so schlecht wie die Gesellschaft gut gewesen sei. Zum Glück ist dies heute etwas anders. Die Gesellschaft ist nach wie vor ausgezeichnet, und auch der Kaffee ist es mittlerweile. Im Sommer nimmt das Café den kleinen Bertalán-Lajos-Platz vor der Tür fast komplett mit seinen Tischen und Stühlen ein. In so netter Umgebung lässt es sich auch ohne Weiteres bis in die späten Abendstunden nicht nur über Literatur diskutieren.

XI. | Bartók Béla ut 36 | Tram: Bertalán Lajos utca | Tel. 01/2 79 02 90 | www.hadikkavehaz.blog.hu

Auch das Hadik Kávéház (▶ S. 87) lässt mit schweren Vorhängen, hohen Decken und mächtigem Lüster alte Zeiten wieder aufleben, als sich hier große Literaten zum Austausch trafen.

9 Tranzit Art Café   B 9

Kunst und Kaffee – Der XI. Bezirk wird immer mehr zum heimlichen Zentrum der Kunstszene Budapests. Da passt ein Café wie das Tranzit Art Café natürlich bestens ins Bild. Im alten Busbahnhof des Stadtteils Kelenföld ist das Café mit seiner Rundum-Verglasung ein modernes Statement des Viertels. Wechselnde Ausstellungen bringen immer wieder neue Stimmungen, doch das Beste ist zweifelsohne die Terrasse im Sommer. Wo ehemals Reisende auf die Abfahrt warteten, warten heute nun junge Eltern und Kreative auf Milchkaffee (fair trade) und Karottentorte. Zwischen den tragenden Säulen des Busbahnhofs sind bei gutem Wetter Hängematten gespannt, in denen man ohne Probleme den ganzen Nachmittag mit einem guten Buch verbringen kann. Die frisch hergestellte, hauseigene Limonade ist dazu ein besonderer Tipp. Doch auch für ein Abendessen empfiehlt sich das Tranzit mit einer Auswahl an Salaten und Sandwichs. Allerdings sollte man, möchte man ein ruhiges Dinner zu zweit verbringen, vom Tranzit Abstand nehmen, denn hier wird mediterraner Flair gelebt. Im Sommer spielen Kinder bis in den späten Abend hinein auf dem zum Café gehörigen Spielplatz, während ihre Eltern an einer Lesung teilnehmen oder den eben gezeigten Film verfolgen. Doch selbst, wenn es kein besonderes Programm im Tranzit gibt, lohnt es sich, den Abend dort zu verbringen, denn nirgendwo sonst in der Stadt kann man ein so mediterranes Lebensgefühl, gepaart mit ungarischem Großstadtflair, genießen.

XI. | Bukarest utca | Tram/Bus: Kosztolányi Dezső tér | Tel. 01/2 09 30 70 | www.tranzitcafe.com

Einen Schifffahrt, die ist lustig   5

Stadtrundfahrt mal anders: Von Nord nach Süd und wieder zurück kann man mit der Schiffslinie des Öffentlichen Nahverkehrs BKK alle Schönheiten entlang der Donau in Augenschein nehmen (▶ S. 14).

KULTUR UND UNTERHALTUNG

TANZ

Fonó Budai Zeneház   südl. B 10

Volkstanz hat in Ungarn eine lebendige Tradition, insbesondere in ländlichen Gebieten sind sogenannte táncházak (Tanzhäuser) bis heute ein beliebtes Abendprogramm. Doch auch in Budapest gibt es eine aktive Volkstanz-Gemeinde, die sich u. a. im Fonó Budai Zeneház trifft. Hier gibt es immer Mittwochs die größte Tanzveranstaltung der Stadt. Unter Anleitung werden gemeinsam Grundschritte und Drehungen geübt, das Ganze natürlich zu Livemusik. Hier wird im Übrigen nicht nur traditionell ungarisch getanzt. Das Fonó bietet auch anderen Stilen immer wieder ein Zuhause. So gibt es neben Tangokursen, in die man jederzeit einsteigen kann, auch Kinderprogramme. Bei so viel Bewegung muss natürlich auch fürs leibliche Wohl gesorgt werden, und so bietet das Fonó seinen Gästen bereits wochentags ab Mittag eine breite Auswahl an typisch ungarischen Speisen, Weinen und anderen Spezialitäten.

Der Charakter des ehemaligen Busbahnhofs ist noch erkennbar, doch im Sommer werden hier Hängematten für die Gäste gespannt: das Tranzit Art Café (▶ S. 88) im XI. Bezirk.

XI. | Sztregova utca 3 | Tram: Kalotaszeg utca | www.fono.hu | Gaststätte: Mo–Fr ab 12, Sa ab 18 Uhr | €

THEATER

🔟 Mu Szinház (Mu-Theater) 📖 C 9

Etwas versteckt in einer Seitenstraße liegt das Mu-Theater. Bereits seit 20 Jahren bietet das Haus verschiedenen Ensembles und Künstlern ein Zuhause. Zwar gibt es im Mu kein eigenes Ensemble, dafür aber eine Bühne, ein Studio, einen Probenraum, eine Galerie und ein Café. Das wohl spannendste am Mu-Theater ist die ständig wechselnde Belegung, die von aufstrebenden Kleingruppen über internationale Stars ihres Genres reicht. Im Mu setzt sich der Spielplan ausschließlich aus modernen Stücken zusammen, innerhalb dieser aber umso vielfältiger. Schauspiel, moderner Tanz, Konzerte – die Auswahl ist abwechslungsreich und immer anspruchsvoll. Und nach der Vorstellung finden sich auch die Künstler des Abends an der Bar ein.

XI. | Kőrösy József utca 17 | Tram/Bus: Újbuda Központ | Tel. 01/2 09 40 14 | www.mu.hu | Mu-Café Mo–So 14–23 Uhr | Eintritt 3000 Ft

VI. BEZIRK

Nicht nur die Flaniermeile Andrássy út mit ihren Prachtbauten zählt zum VI. Bezirk, hier ist auch der »Broadway Budapests« mit Theatern und Cafés zu finden. Eine Pause vom Sightseeing bietet das Stadtwäldchen mit seinen Grünflächen und einem See.

Soll man den VI. Bezirk beschreiben, stößt man schnell auf Probleme. Denn obwohl es flächenmäßig der zweitkleinste Bezirk ist, ist er gegensätzlich wie kaum ein anderer. Auf der einen Seite die Prachtbauten entlang der Flaniermeile Andrássy út, die Oper und das Luxus-Einkaufszentrum Il Bacio di Stile. Auf der anderen Seite die Mietskasernen in der Nähe des Nyugati pályaudvar (Westbahnhof), die zwar größtenteils erneuert worden sind, aber keinesfalls mit dem edlen Ambiente nur wenige Hundert Meter entfernt mithalten können. Und trotzdem, oder gerade deswegen ist der VI. Bezirk so beliebt.

Heute sind es vor allem die innerstädtischen kulturellen Einrichtungen und Theater, die das Stadtbild bestimmen. Vielleicht auch deswegen gibt es im VI. Bezirk einige der beliebtesten Teehäuser der Stadt. Betrachtet man die Anordnung der Straßen, fällt auf, dass die Andrássy út dem Blick

◄ Weltkulturerbe: der Heldenplatz (► MERIAN
TopTen, S. 91) am Ende der Adrássy út.

von der Burg hinab folgt. Und tatsächlich wurde diese Schleuse not-
wendig, als in den 1860er-Jahren
die Bevölkerungsdichte im nun
vereinigten Budapest immer weiter anstieg und es einer Möglichkeit bedurfte, das neu entstandene
Viertel Terézváros verkehrstech-
nisch zu entlasten. 1870 begannen
die Bauarbeiten zur Andrássy út, und nur ein Jahr später sollte auch die
Nagykörút (große Ringstraße) entstehen. Beide Straßen sind bis heute
wichtige Elemente des innerstädtischen Verkehrs. In dieselbe Zeit fällt
auch eine Periode des ständigen Wachstums, denn von 1870 an entstanden einige der prächtigsten Gebäude des Bezirks wie das Opernhaus und
die Paläste rund um das Oktogon.

SEHENSWERTES

1 Andrássy út (Andrássy Straße)
↗ C 6–E 4
Vom Verkehrsknotenpunkt Deák Ferenc tér bis zum Hősök tere erstreckt
sich die Andrássy út auf 2,5 km. Der
erste Teil des Prachtboulevards vom
Deák Ferenc tér bis zum Oktogon ist
fest in der Hand von Luxusmarken.
Hier reihen sich Luis Vuitton, Max
Mara neben Gucci, Armani, Burberry
und ähnlich klangvollen Namen. Etwa
in der Mitte befindet sich die Oper mit
dem leider mittlerweile herunterge-
kommenen Gebäude des Ballettinsti-
tuts und etwas oberhalb die Franz Liszt
Musikakademie. Hier gibt es nur selten Preisschilder in den Schaufenstern,
dafür aber die neuesten Kollektionen
aus den großen Modehäusern der Welt.
Ab dem Oktogon gibt es zwar keine

Edelboutiquen mehr, aber der Weg
setzt sich nicht weniger prachtvoll fort.
Früher reihten sich verschiedene Bot
schaften die Andrássy út entlang, und
bis heute sieht man hier und da Flag-
gen ferner Staaten auf den Dächern
wehen.
VI. | Andrássy út | Metro/Tram/Bus:
Deák Ferenc tér oder Metro/Bus: Hősök
tere

⭐ Hősök tere (Heldenplatz) **↗ E 4**
Zwar gehört der Hősök tere laut Stadt-
teilgrenze nicht mehr zum VI. Bezirk,
doch für viele Einheimische ist er
trotzdem Teil der Andrássy út. Das sah
auch die UNESCO so, als sie die Andrássy út und den Heldenplatz gemeinsam zum Weltkulturerbe erklärte. Der
Platz erhielt erst im Jahr 1932 seinen
jetzigen Namen und war damals von

Blumenbeeten und Grün bedeckt. Nur fünf Jahre später wichen die Blumen Pflastersteinen, doch die Siegessäule mit Erzengel Gabriel auf der Spitze und die Säulenhallen dahinter gehen auf das Jahr 1895 und die darauffolgenden Jahre zurück. Heute ist der Hősök tere eine der meistbesuchten Sehenswürdigkeiten in Budapest, allerdings ist er gleichzeitig auch Austragungsort nationaler Feiern und politischer Veranstaltungen aller Art.

XIV. | Hősök tere | Metro/Bus: Hősök tere

2 Nagymezö utca   C5

Zwar nur wenige Schritte lang, aber trotzdem einen Blick wert ist die Nagymezö utca, die auch als »Broadway von Budapest« bezeichnet wird. Hier reihen sich Theater aneinander, dazwischen befinden sich Cafés und Restaurants, und selbst ein Etablissement mit dem Namen »Moulin Rouge« ist hier ansässig. Gespielt wird auf den Bühnen leider nur auf Ungarisch, wer aber trotzdem ein wenig Theaterluft schnuppern möchte, kann dies im **Komédiás Kávéház** tun. Das Restaurant ist gleichzeitig Café und Bistro im Stil des Paris der 1920er-Jahre. Und das alles familiengeführt. Vermutlich ist dies auch das Geheimnis, warum man sich hier wirklich immer willkommen fühlt. Als eines der wenigen Restaurants mit traditionell ungarischer Küche verfügt das Komédiás Kávéhaz auch über eine ansehnliche Auswahl für Vegetarier.

VI. | Nagymezö utca 26 | Metro/Tram: Oktogon | Tel. 01/3 20 09 01 | www. komediaskavehaz.hu | Mo–Fr 8–24, Sa und So 13–24 Uhr | €€

③ Széchényi fürdő (Széchényi-Bad)

📍 E 4

Zugegeben, das Széchényi fürdő ist kein Geheimtipp, aber auf jeden Fall einen Besuch wert. Das Innere des Bads ist über und über verziert, Statuen und handbemalte Fliesen, wohin man auch blickt. Doch der wahre Charme des Széchényi fürdő entfaltet sich im Außenbereich. Wie in allen Thermalbädern gilt auch hier Badekappenpflicht (die mal mehr, mal weniger ernst genommen wird). Und so sieht man ältere Herren im warmen Wasser teils stundenlang in aller Seelenruhe sitzen und Schach spielen. Das weitläufige Außenbecken ist leider nicht mit Thermalwasser gefüllt, aber der prachtvolle Anblick der Fassade entschädigt dafür allemal.

🕐 Noch bevor es am Nachmittag voll wird, oder am Abend ab 20 Uhr
XIV. | Széchényi Gyógyfürdő Állatkerti körút 9–11 | Metro: Széchényi fürdő | Tel. 01/3 63 32 10 | www.szechenyifurdo.hu | tgl. 6–22 Uhr | Eintritt Erwachsene ab 4100 Ft

④ Városliget (Stadtwäldchen)

📍 E 4–F 5

Stadtplanerisch gehört auch das Városliget nicht mehr zum Bezirk, aber das ist den wenigsten Bewohnern bewusst. Das Városliget ist neben der Margit sziget eine der größten zusammenhängenden Grünflächen der Stadt und ideal, um sich vom vielen Sightseeing ein wenig zu erholen. Hundebesitzer lassen ihre Lieblinge übers Grün flitzen, und nur wenig weiter wird Gitarre, Frisbee oder Schach gespielt. Entweder sucht man sich einen Platz an der Sonne oder unter dem dichten Blätterdach

der alten Platanen. Aber noch bevor man es sich gemütlich macht, sollte man einen Spaziergang im Park machen. Direkt am Eingang vom Hősök tere gibt es zur Rechten gleich zwei Bauwerke zu bewundern. Zum einen die Kunsteisbahn, die von Ende Oktober bis in den Februar hinein ihre Gäste erwartet. Zum anderen die Burg Vajdahunyad vár, ein wahres Meisterstück des eklektischen Baustils.
XIV. | Városliget | Metro/Bus: Hősök tere

MUSEEN UND GALERIEN
MUSEEN
⑤ Hopp Ferenc Kelet-Ázsiai Művészeti (Ferenc-Hopp-Museum der fernöstlichen Künste) ▶ S. 138
⑥ Kogárt Ház (Kogart-Haus) ▶ S. 139
⑦ Terror Háza (Haus des Terrors) ▶ S. 143

ESSEN UND TRINKEN
RESTAURANTS
⑧ Ankerklub C 6

Modernes Mittagessen – Vor allem seit der Akvárium-Klub auf der anderen Seite des Deák Ferenc tér geschlossen wurde, ist das Anker eine echte Institution geworden. Am Abend sollte man einen großen Bogen um das Lokal machen, denn dann ist es überfüllt, laut und einfach nur ungemütlich. Hingegen ist es die perfekte Adresse, um bei schönem Wetter ein gutes Essen zu genießen. Die Speisekarte hält wenig Überraschendes bereit, doch das, was aufgetischt wird, ist schmackhaft und stets frisch. Das wissen auch die Angestellten aus den umliegenden Büros zu schätzen, und so sieht man am Mittag im Anker neben tätowierten Fahrradfahrern auch Musiker, die sich auf dem Weg zur Probe in der nahe gelegenen Oper noch stärken, oder Damen und Herren im Businesslook im Gespräch.

VI. | Anker köz 1–3 | Metro/Tram/Bus: Deák Ferenc tér | Tel. 0 70/6 21 07 41 | www.ankerklub.hu | Do–Sa 8–4, So–Mi 8–1 Uhr | €€

9 Chez Daniel ✈ D 5

Französische Gastfreundschaft – Das Chez Daniel ist klein und versteckt – aber unglaublich liebenswert. Es wurde vom Franzosen Daniel Labrosse gegründet, der bis heute stets selbst jeden Tag auf den Markt geht, um die Zutaten, die den Gästen angeboten werden sollen, einzukaufen. Das Restaurant verteilt sich über mehrere Räume, und im Sommer wird auch der Innenhof zum Restaurant. Zwar sind die Plastikstühle keinesfalls eine gute Wahl an heißen Sommertagen, aber insgesamt wirkt alles so heimelig im Chez Daniel, dass man diesen vermeintlichen Fauxpas als liebenswerte Eigenheit abtun kann. Im Laufe des Tages schaut der Chef immer wieder in die Gasträume und erkundigt sich persönlich nach dem Befinden seiner Gäste und ob ihnen die hauseigenen Kreationen, eine Mischung aus den verschiedenen Regionen, in denen Daniel Labrosse einst lebte und kochte, schmecken.

VI. | Sziv utca 32 | Metro: Kodály körönd | Tel. 01/3 02 40 39 | www. chezdaniel.hu | Mo–So 12–15 und 19–23 Uhr | €€–€€€

10 Sir Lancelot Lovagi Étterem ✈ C 5

Mittelalterlich speisen – Restaurants mit mittelalterlichem Charakter gibt es wohl in jeder Stadt, aber das Sir Lancelot ist doch eine Empfehlung wert. Denn neben wirklich ausgesprochen schmackhaftem und reichhaltigem Essen ist es die gute Stimmung, die für dieses Lokal spricht. Sicher, im Sir Lancelot sollte man sich nicht für ein ruhiges Essen verabreden, denn hier geht es immer hoch her. Sind es gerade nicht die Musiker, die aufspielen, sorgen die stets zu einem Spaß aufgelegten Kellner in mittelalterlicher Manier für Heiterkeit unter den Gästen. Besteck sucht man hier vergebens, lediglich ein Löffel wird zur Suppe und ein Messer zu allem anderen gereicht. Doch das ist Teil des abendlichen Schauspiels und gehört ebenso dazu wie die »spontanen Keilereien« und Degenkämpfe zwischen den Kellnern.

VI. | Podmaniczky utca 14 | Metro/ Tram/Bus: Nyugati Pályaudvar | Tel. 01/3 02 44 56 | www.sirlancelot.hu | Mo–So 12–1 Uhr | €€–€€€

CAFÉS

11 Café Zsivágó ✈ D 6

Wie bei Großmutter – Im Café Zsivágó passen die Stühle nicht zueinander, die Tische haben unterschiedlich viele Beine, und alles wirkt ein wenig zusammengewürfelt. Doch trotz des vermeintlichen Chaos wirkt nichts zufällig, sondern mit viel Liebe und Bedacht ausgewählt, eben so, wie einst bei der eigenen Großmutter. Der Freiraum zwischen den Tischen erlaubt auch private Gespräche, die Musik ist nicht zu laut, und einzig das Klappern der zarten Porzellantassen veranlasst manchmal dazu, sich umzublicken. Weniger ruhig geht es an den Abenden zu, an denen das Zsivágó zur Bühne wird. Doch auch dann ist es eine Freude, mittendrin zu sein, denn die heimelige Atmosphäre bleibt selbst im größten Trubel dieselbe. Die Karte umfasst vor allem Klassiker wie Tee, Kaffee, Limonade und Kleinigkeiten für den Hunger zwischendurch.

VI. | Paulay Ede utca 55 | Metro/Tram: Oktogon | Tel. 0 30/2 12 81 25 | Mo–Fr 10–24, Sa 12–24, So 14–22 Uhr | €–€€

⑫ Cat Café 🚩 ⚑C 6

Mit Katzen – Ein aus Japan kommender Trend hat Budapest erreicht. Das Cat Café bietet neben dem üblichen Kaffee-, Kuchen- und Süßigkeitenangebot ein ganz besonderes Ambiente. Denn dort leben zwölf Katzen, deren Zuhause das Café ist. Die Stubentiger spielen gern mit »ihren« Gästen und sind neugierig und zutraulich. Von der Metrostation in wenigen Minuten zu Fuß zu ereichen.

VI. | Révay utca 3 | Metro/Tram/Bus: Deák Ferenc tér | www.catcafe budapest.hu | tgl. 10–22 Uhr

⑬ Tea Palota a Potalához ⚑C 5

Organische Teestube – Im Teapalota (Teepalast) ist eines gewiss – tritt man ein, fühlt man sich sofort entspannt. Obwohl es im Teepalast auch durchaus Abende gibt, an denen man vergeblich nach einem Tisch sucht, ist es nie laut. Denn der Teapalota ist keine gewöhnliche Kneipe, sondern Ungarns erste »organische Teestube«. Ganz klar wird nicht, was sich hinter dem »organisch« verbirgt, sicher ist aber, dass der Teepalast neben einer breiten Auswahl an Teesorten auch immer die beliebten Wasserpfeifen (Shisha) für Gäste bereithält. Mit einem guten Tee und dem Aroma des Wasserpfeifentabaks in der Nase kann man fantastisch in das Stimmengewirr im Teepalast eintauchen oder sich mit einem Buch zurückziehen. Wer es privater mag, sollte sich eines der Separees reservieren.

VI. | Jókai utca 20 | Metro/Tram/Bus: Nyugati Pályaudvar | Tel. 01/3 54 14 53 | www.potalateapalota.hu | Mo–Sa 14–23, So 15–23 Uhr | €

EINKAUFEN

MODE

⑭ Barnoff ⚑D 6

Tamara Barnoff gehört zwar nicht zur Riege junger aufstrebender Designer, aber eine Instanz ist die geborene Georgierin trotzdem. Ihr Showroom ist eine eigene Welt, stets erwartet man, dass hinter einem Vorhang ein Fabelwesen hervortritt. Ihre Kollektionen folgen keinem festen Muster, außer, dass alle ihren unvergleichlichen Stil verkörpern und die Weiblichkeit betonen. Barnoff-Kleider umfließen und umschmeicheln ihre Trägerin im Sommer und spielen mit neu entdeckter klassischer Eleganz im Winter.

VI. | Nagymező utca 14 | Metro: Opera | www.barnoff.com | Tel. 0 30/ 5 25 12 83 | Mo–Fr 10–20, Sa 11–18 Uhr

⑮ Il Bacio di Stile 🚩 ⚑C 6

Die zweifelsfrei edelste Adresse in ganz Budapest findet sich auf der Höhe der Andrássy út 19. Das Il Bacio di Stile hat es sich zum Ziel gesetzt, Luxusmarken der obersten Kategorie stilecht zu präsentieren und anzubieten. Alles ist dezent beleuchtet und das mehrsprachige Personal sehr freundlich. Eine Besonderheit sind die ebenfalls im Store ausgestellten Werke zeitgenössischer Künstler.

Eines der Ziele im Stadtwäldchen (▶ S. 94) ist die »Märchenburg« Vajdahunyad mit dem See, der im Sommer zum Bootfahren und im Winter zum Schlittschuhlaufen genutzt wird.

VI. | Andrássy út 19 | Metro: Opera | www.ilbaciodistile.com | Mo–Sa 10–20, So 11–18 Uhr

Retrock ▶ S. 40

16 TOTHBORI 🌊 C 6

Die Entwürfe der jungen Designerin Bori Tóth sind zumeist farbenfroh, ohne irritierend bunt zu sein. Alle ihre Entwürfe bewegen sich zwischen zeitloser Eleganz und »modisch up to date«, doch es sind ihre Ballkleider, die ihre Kundinnen sprachlos vor Staunen werden lassen. Fließende, zarte Stoffe, Regenbogenfarben und immer der Weiblichkeit verschrieben, sind ihre Kleider ein Erlebnis.

VI. | Hajós utca 6 | Metro: Arany János utca | Tel. 01/3 54 15 88 | www.tothbori. com | Mo–Fi 11–19, Sa 11–16 Uhr

KULTUR UND UNTERHALTUNG

OPER

17 Magyar Állami Operaház (Ungarische Staatsoper) ▶ S. 43

KONZERT

18 Liszt Ferenc Zeneakadémia (Franz-Liszt-Musikakademie) ▶ S. 44

Im Fokus
Design

*Wer in Budapest Schritt halten möchte mit der sich ständig
wandelnden Modeszene, sollte besser seine Laufschuhe anziehen.
Nahezu wöchentlich entstehen neue Geschäfte oder Labels mit einem
hohen Maß an Kreativität und Einfallsreichtum.*

Neben klassischem Modedesign für Herren und Damen hat sich in Budapest ein eigenes Genre entwickelt, Mode und Accessoires aller Art von Gebrauchtem herzustellen. Bestes Beispiel dafür sind die Labels Balkantango und 1mind1. Beide arbeiten mit demselben Grundstoff, dem Inneren von Reifen, doch auf gänzlich unterschiedliche Art. Während die Taschen, Geldbörsen und Laptop-Sleeves der türkischstämmigen Designerin Ipek Türkoglu mehr sportlich daherkommen und eindeutig erkennen lassen, woraus sie gefertigt sind, ist dies beim Schmuck des Labels 1mind1 schon nicht mehr so einfach zu erkennen. Filigrane Muster schmücken Halsketten, Ohrringe und Armreifen.

STOFFAUSWAHL UND KUNDENFEEDBACK

Viki Bajcsai, Betreiberin des Black Box Concept Store und selbst Designerin, freut sich über die Vielseitigkeit der Budapester Designszene: »So wird es nie langweilig.« Auch deswegen gibt es in ihrem Shop neben

◀ Kreativplatz für junge Modeschöpfer: der
Design-Kunstmarkt WAMP (▶ S. 101).

ihrem eigenen Label Imogen auch Kleider, Accessoires, Schuhe und selbst Dekorationsartikel, wobei trotz der Vielfalt der Auswahl das Angebot durch die schlichte Eleganz geeint wird, die allen zu eigen ist. Viki Bajcsais Entwürfe sind nämlich genau das: schlicht, elegant und immer mit etwas Außergewöhnlichem versehen. Dabei legt sie größten Wert auf natürliche, bequeme Stoffe, die sich gut auf der Haut anfühlen, »denn keine Frau wird gern ein Kleid tragen, das kratzt und zwickt und einfach nur unbequem ist«, ist sich die junge Designerin sicher. Besondern charmant ist, dass Viki alle ihre Entwürfe »Probe trägt«. Nur was ihren eigenen Ansprüchen an Bequemlichkeit und Tragekomfort entspricht, wird später auch im Laden in der Irány utca (oder in speziellen Stores in London) zu finden sein. Dabei verlässt sie sich sowohl auf ihr eigenes Empfinden als auch auf die Rückmeldungen ihrer Käuferinnen: »Viele meiner Stammkundinnen geben mir ein Feedback, was meine Stoffauswahl angeht. Denn leider kommt es manchmal vor, dass ein Stoff sich zwar sehr gut anfühlt, sich auch gut tragen lässt, aber entweder schnell ausleiert, knittert oder fusselt. Deswegen freue ich mich über jede Rückmeldung, um meine Kollektionen noch besser zu machen.« So kann es also sein, dass im Laufe einer Kollektion der Stoff eines Kleids ein wenig variiert werden muss, aber nur, um den Entwurf noch besser zu machen.

EIN STÜCK BUDAPESTER GESCHICHTE

Viki Bajcsai gesteht unumwunden, dass sie selbst nicht sonderlich gut näht, sie entwirft lieber – und wenn man sich die Arbeiten ihrer Näherin Magdi anschaut, kommt man nicht umhin, sich über diese Arbeitsteilung zu freuen. Denn Imogen wird in Handarbeit in und um Budapest genäht, alle Stoffe werden von Designerin Bajcsai selbst ausgesucht und von den Näherinnen ihres Vertrauens verarbeitet. So ist jedes Kleid, jeder Pullover immer auch ein Stück Budapester Geschichte. Ähnlich ist es bei fast allen Designern in Budapest, wie die lebendige Szene beweist.

NEUE SHOPS, VIELE IDEEN

Viki Bajcsai ist nur eine von vielen jungen Designern in Budapest, die Geschichte hinter ihrem Laden aber symptomatisch für viele andere. Denn Viki ist keine diplomierte Designerin, aber eine entschlossene junge Frau, die ihren Weg gehen will. Der führte allerdings nicht an eine

Hochschule, sondern erst einmal zu Privatlehrern: Man kann sich drei Mal an der Hochschule für Kunstgewerbe bewerben. »Und ebenso oft wurde ich abgelehnt«, gesteht sie. Ihrem Talent und ihrer Kreativität hat dies aber nicht geschadet, ganz im Gegenteil. Aus der Not machte sie eine Tugend, suchte sich Lehrer und war entschlossen, sich alles anzueignen, was der Beruf einer Designerin erfordert. Ihre Entwürfe bezeichnen überzeugte Trägerinnen als »einfach, aber großartig«. Das fehlende Diplom macht Vikis Entwürfe nicht weniger charmant, wobei diese immer von zwei Hauptmerkmalen geprägt sind: praktisch, aber immer auch weiblich. Diese Kombination gibt ihr viel Spielraum, auch was die Stoffe angeht. Zwar bevorzugt sie die Verarbeitung natürlicher Stoffe, allerdings »gibt es mittlerweile auch Kunstfasern, die pflegeleicht und gleichzeitig angenehm zu tragen sind«.

PRODUKTIONSSTANDORT UNGARN

Viki Bajcsais Einstellung ist es auch, die ihren kleinen Laden mittlerweile seit 2011 erblühen lässt. Natürlich hat sich der Shop und Vikis Einstellung zu einem Conceptstore in den Jahren verändert. Anfangs waren noch zehn Labels dort vertreten, wobei es manchmal nur ein oder zwei Schmuckstücke eines Designers waren, die einen Namen repräsentierten. Mittlerweile ist Viki abgeklärter, ihre eigenen Entwürfe nehmen mehr Platz im Laden ein, und allgemein wirkt alles harmonischer, denn im Black Box kann man sich mit den dort vertretenen Labels von Kopf bis Fuß einkleiden. Damit trifft sie bewusst einen Nerv der Budapester Kunden, der über die bequemen Vorteile des »alles in einem Laden« weit hinausgeht. Vielmehr geht es ihr – und auch vielen ihrer Kunden – darum, jungen Talenten die Möglichkeit zu geben, sich zu präsentieren und ihnen eine Lebensgrundlage zu ermöglichen. Damit schaffen sie und andere Conceptstores eine Alternative für die zahlreichen Designer, die mangels Chancen ansonsten lieber das Land verlassen würden. Und auch bei den Kunden kommt das an: »Viele Budapester haben weder Lust noch das Geld, sich die teuren ausländischen Marken zu leisten«, weiß Viki. Ungarische Designerkleidung ist aber nicht nur günstiger als namhafte internationale Labels, vielmehr spielt (un-)bewusst auch der Produktionsstandort Ungarn eine Rolle. Für Imogen wird in Budapest und Ungarn selbst geschneidert, auch andere Designer wie Piroshka, Lollipop oder TheBétaVersion fertigen im eigenen Land. Ungarn hat damit ein ganz eigenes neues Bewusstsein für fair Gehandeltes entwickelt, eines, das obenauf auch noch ansehnlich und kleidsam ist.

Noch wichtiger vielleicht als die heimische Produktion ist die Möglichkeit, auf individuelle Wünsche eingehen zu können. Die Ungarn sind ein stolzes Volk und sich ihrer eigenen Geschichte und Traditionen sehr bewusst. Kein Wunder also, dass es auch designtechnisch immer wieder heißt: »Zurück zu den Wurzeln«.

RÜCKBESINNUNG AUF TRADITIONELLES

Zwar gibt es auch bei internationalen Labels eine Rückbesinnung auf Traditionelles, aber in Ungarn treten die Kalócsai-Blumenmuster eben nicht nur auf Tischdecken und Volkstrachten auf, sondern auch beispielsweise auf Entwürfen der Designerin Anna Hegedűs für ihr Label Piroshka. Diese sind stark von traditionellen Mustern, Farben und Schnitten geprägt, aber eben immer mit einem Schuss Modernem versehen. Ähnlich wie Viki Bajcsai ist sie Teil der neuen Designelite, die es sich zum Ziel gesetzt hat, Budapest als neue Modemetropole zu etablieren. Erste Schritte in diese Richtung sind bereits getan. So gibt es beispielsweise mittlerweile eine Design Map, eine »Landkarte« für Modebegisterte. Mit Adresse, Öffnungszeiten und Stil versehen, sind dort alle Design-Hotspots der Stadt verzeichnet, und auch eine App hilft beim Finden des passenden Geschäfts. Daneben lädt jedes Jahr im Herbst die Design Hét (Designwoche) Interessierte ein, sich über die neuesten Trends der ungarischen Modeszene zu informieren.

DESIGN-KUNSTMARKT »WAMP«

Den größten Beitrag zur sich stetig entwickelnden Designszene leistet aber unzweifelhaft der WAMP-Markt. Dieser findet alle zwei Wochen immer sonntags statt und stellt die Crème de la Creme junger ungarischer Labels vor. Während sich Modeinteressierte an den zahllosen Auslagen umschauen und gewiss das ein oder andere Schmuckstück ergattern können, ist der Markt für Einsteiger ins Modegeschäft ebenso wie für alte Hasen eine gute Möglichkeit, um sich von Kollegen und Künstlern inspirieren zu lassen. In gelöster Atmosphäre lässt es sich schlendern und schauen, und auch Jungdesignerin Viki Bajcsai schätzt die kreative Stimmung auf dem WAMP und die Möglichkeit, mit anderen Designern ins Gespräch zu kommen. Denn obwohl der Markt für heimische Designer wahrlich nicht groß ist, hilft man sich gegenseitig gern mit Tipps. Kein Wunder also, dass der WAMP-Markt das ganze Jahr über ein echter Magnet ist. Wo so viel Innovation und Ideenreichtum zusammenkommen, wächst die Idee für die nächste Kollektion fast von allein.

IX. BEZIRK

*Im Gebiet des IX. Bezirks gab es noch bis zur zweiten Hälfte des 19. Jh.
vor allem zwei Dinge: Arbeit und die arbeitende Bevölkerung.
Bis heute zeigt sich dies vor allem in der Architektur des Stadtteils,
in dem auch die berühmte Restaurant-Meile Ráday utca verläuft.*

Die typischen Pester Wohnhäuser mit dem Rundflur und charakteristischem Innenhof, den kleinen Wohnungen mit hohen Decken und den großen Doppeltüren als Hauseingang sind lebendige Beweise der Industrialisierung in Budapest. Denn in den Mietskasernen galt es, so viele Menschen wie möglich unterzubringen. Ganze Familien mit drei oder vier Kindern lebten hier auf engstem Raum zusammen.

Die einstige Homogenität des Bezirks ist im Laufe der Jahre verloren gegangen. Stattdessen ist der Teil des Bezirks, der nahe der Innenstadt liegt, zum touristischen Hotspot geworden, je weiter man sich jedoch von der kleinen Ringstraße, dem Múzeum körút entfernt, werden die Häuser grauer. Bis heute gibt es hier diese typischen Mietskasernen, und bis heute finden sich in einigen von ihnen die Gemeinschaftstoiletten auf dem Flur, die noch immer in Benutzung sind. Die Stadtväter bemühen

◀ Konstruktion aus Eisen und Glas: die Zentrale Markthalle (▶ MERIAN TopTen, S. 104).

sich um Schadensbegrenzung, und immer mehr alte Wohnhäuser werden anspruchsvoll renoviert, Parks und Grünanlagen angelegt. Diese Bereiche nennt man den »rehabilitierten« Teil, und vor allem junge Familien und Studenten versuchen, Wohnungen in diesen ehemaligen Problembezirken zu ergattern. Denn obwohl das pulsierende Leben nur wenige Hundert Meter entfernt ist, sind diese Straßenzüge ruhiger und grüner und vielerorts sogar durch Kameraüberwachung gesichert. Daneben ist auch ein großer Teil des kulturellen Lebens im IX. Bezirk zu Hause. Einige der wichtigsten Theater des Landes befinden sich in diesem Viertel und ziehen damit auch Theaterfreunde und Kreative nach Ferencváros.

HEIMAT VON KÜNSTLERN UND FUSSBALLFANS

Doch nicht nur Kreative und Künstler haben ihre Heimat im IX. Bezirk. Auch der Traditionsfußballverein Ferencváros TC ist hier zu Hause. Ähnlich wie bei anderen Clubs gibt es auch bei »Fradi« eine tiefe Verbundenheit der Bewohner des Viertels zu ihrem Verein. An Spieltagen sieht man überall die Vereinsfarben Grün-Weiß, und viele fiebern in Gedanken oder live im Stadion mit. Allerdings herrscht an solchen Tagen mitunter der Ausnahmezustand, insbesondere wenn der Erzfeind Újpest zu Gast ist. Das Polizeiaufgebot ist dann enorm – leider aus gutem Grund.

RESTAURANT-MEILE RÁDAY UTCA

Im IX. Bezirk befindet sich weiterhin die berühmteste Restaurant-Meile Budapests. Vom Kálvin tér aus öffnet sich die Ráday utca, in der sich Restaurant an Restaurant und Kneipe an Kneipe reiht. Auf beiden Straßenseiten stehen Tische und Stühle auf dem Gehweg, insbesondere bei gutem Wetter ist ein Durchkommen zu Fuß kaum möglich. Zum Glück ist die Straße größtenteils verkehrsberuhigt, und nur wenige Autos stören den mediterranen Flair. Aus all den guten Adressen die besten auszuwählen, ist nicht einfach. Am besten, Sie machen selbst einen Spaziergang durch die Ráday utca und kehren dort ein, wo es Ihnen gefällt.

SEHENSWERTES

6 Központi Vásárcsarnok (Zentrale Markthalle) X 0

Entgegen aller Vermutungen, die sich beim ersten Blick aufdrängen: Die Zentrale Markthalle am Fővám tér ist nicht als Bahnhof entstanden. Dabei meint man, beim Blick in die lang gestreckte Halle unter dem Gerüst aus Eisenstangen fast Züge hereinrollen zu hören. Die Halle entstand Ende des 19. Jh. mit dem Ziel, den Handeltreibenden einen festen Platz zu geben. Das Gebäude gilt als Meisterwerk des ungarischen Historismus. Ungeachtet aller kulturhistorischen Aspekte und des stetigen Andrangs von Besuchern, hat sich die Markthalle ihren authentischen Flair bewahrt. Die Verkaufsstände im Erdgeschoss bieten immer noch Obst, Gemüse, Fleisch und Wurstwaren an, die Preise sind dabei nicht höher als auf anderen Märkten. Eben weil Menschen hier noch immer ihren täglichen Einkauf verrichten, hat sich am Preis nicht viel geändert, und man sieht immer noch alte Damen am Obststand nach den schönsten Früchten suchen. Auf der Galerie unter dem Dach geht es dann schon touristischer zu. Hier wird viel angeboten, was weder schön noch nützlich ist. Die obligatorischen Tischdecken mit Blumenmuster aus Kalócsa und jede Menge Klimbim mit dem Aufdruck »Budapest« versperren zuweilen den Blick auf die kleinen Schätze des Stockwerks, nämlich die von Hand gefertigten Leder- und Holzangebote. Achten Sie im Gedränge auf Ihre Tasche, Trickdiebe haben hier leider oft leichtes Spiel.

IX. | Fővám tér 11–12 | Tram/Bus: Fővám tér | Mo 6–17, Di–Fr 6–18, Sa 6–15 Uhr

MUSEEN UND GALERIEN

MUSEEN

1 Holokauszt Emlékközpont (Holocaust-Gedenkstätte) ▶ S. 137

2 Iparmüvészeti Múzeum (Kunstgewerbemuseum) ▶ S. 138

3 Ludwig Múzeum – Kortárs Müvészeti Múzeum (Ludwig-Museum für zeitgenössische Kunst) ▶ S. 140

4 Zwack Múzeum (Zwack-Museum) ▶ S. 144

ESSEN UND TRINKEN

RESTAURANTS

5 Birs Bisztró D 8

Kunstvoll vegetarisch – Etwas weiter die Ráday utca entlang erwartet das Birs Bisztró seine Gäste. Auch hier gehen Kunst und Kulinarisches Hand in Hand, denn neben dem Gastraum, in dem Besitzer Stefán und seine Frau die Gäste bedienen, befindet sich ein zweiter kleiner Raum. Hier werden in unregelmäßigen Abständen neue Künstler ausgestellt. Man kennt sich im Birs, Stammgäste bestätigen ihre Bestellung meist nur mit einem Lächeln. So familiär die Stimmung im Lokal ist, so sehr wird auch Wert auf frische und vor allem lokale Zutaten gelegt. So kommt es denn auch mal vor, dass ein besonders gut gelungener Nudelauflauf schon am Nachmittag ausverkauft ist und die Speisekarte am Ende des Tages doch recht dezimiert daherkommt. Interessante Alternativen zu fleischhaltigen Gerichten sind im Birs ebenfalls an der Tagesordnung, denn hier wird sowohl vegetarisch als auch vegan gekocht.

IX. | Ráday utca 49 | Tram: Mester utca oder Tram: Boráros tér | Tel. 0 30/3 49 90 34 | www.birsbisztro.tumblr.com | Di–Sa 11–22 Uhr | €€

Univ.-Kirche

Papno-velde u.
Nyáry Pál u.
Kecskeméti u.
Kiráy P.
Veres Pálné
Szerb utca
Bástya
Kálvin tér
M
Kálvin tér

Magyar Nemzeti Múzeum

Múzeum krt.
Krúdy u.
Puskin utca
Baross
Baross

József krt.

Rigó
Horváth Mihály tér
Vajdahunyad u.

József-város temp

Török P. u.
Lónyay

Klinikák

Mária

József krt.

Nap

Práter Corvin köz
Kisfaludy

Fővám tér
rakpart

Vámház krt.

Zentrale Markthalle 6
Közgazd.- tud. Egyetem 7

8
9
10

Iparművészeti Múzeum 2

Üllői út

Kinizsi
Knézich K. u.
Hőgyes E.

M
Ferenc körút

Üllői út

Nagy Templom
Futó

Soltvadkert alsó
Egyetem

Közraktár
Zsil
Lónyay
Kinizsi u.
Czuczor
Mátyás

Bakáts tér 5
Ferencvárosi templom
Bakáts
Ráday u.
6

Közraktár

Ferenc krt.
Tűzoltó
Tompa

13 14 1

Holocaust Gedenkstätte

Ferenc tér

Angyal

Budapester Technische Universität

Mester

Boráros tér

Soroksári

HÉV
Boráros tér

Timót
Vaskapu
Berzenczey
Páva
Berzenczey
Bokréta
Viola

Balázs Béla
Tűri Kálmán

szabadság híd

Budapester Technische Universität
Stoczek
Kp.

Goldmann György tér

Petőfi híd

Budai alsó
Pázmány

Péter

sétány

rkp.

Ipar
Dandár

Malomipari Múzeum

Dráget

Haller

Soroksári út

Lágymányos

ELTE
BEAC
MAFC

Neumann János

Lechner Ödön fasor

HÉV
Lágymányosi híd

Pápay I.u.
Tóth Kálmán
Vágóhíd
Nádasdy
Bárc

Twack Muzéum 4

12
National-theater
11

3 **Ludwig Muzéum**

Lágymányosi híd

Könyves Kálmán

Dombóvári út
Laczkovics u.

N

0   300 m

© MERIAN-Kartographie

Közva
HÉV

CAFÉS

6 Jedermann Café ☝ X 0

Ebenfalls in der Ráday utca angesiedelt ist das Café Jedermann. Im selben Haus wie das Goethe Institut befindlich, wird im Jedermann vorrangig Deutsch gesprochen – und das obwohl (oder weil) der Besitzer Holländer ist. Einheimische schätzen das Jedermann vor allem wegen seiner abwechslungsreichen, aber günstigen Küche. So ist es auch nicht verwunderlich, wenn einige Gäste fast täglich vorbeischauen, um sich um die Mittagszeit herum zu stärken, und am Abend wiederkehren, um noch einen Konzertmitschnitt oder einen Film anzusehen. À la carte kann im Jedermann nicht gegessen werden, täglich gibt es nur zwei Gerichte und eine Suppe zur Auswahl, aber eines der Gerichte ist stets vegetarisch. Heiß begehrt sind im Sommer vor allem die Sitzgelegenheiten im kleinen Hinterhof. Eine liebenswürdige und von vielen Gästen hoch geschätzte Eigenheit des Jedermann: Es gibt Tische, an denen die Benutzung von Laptops schlichtweg nicht erwünscht ist.

IX. | Ráday út 58 | Tram: Mester utca oder Tram: Boráros tér | Tel. 0 30/4 06 36 17 | www.jedermann.hu | Mo–So 8–1 Uhr | €

EINKAUFEN

EINKAUFSZENTREN

7 Bálna (Walfisch) ☝ C 8

Zwischen Szabadság híd und Petőfi híd liegt der »Walfisch«. Die imposante Konstruktion aus Glas und Stahl zwischen zwei alten Lagerhallen hat von der Bevölkerung im Laufe der Jahre den liebevollen Namen erhalten. Der

Blick in die Eingangshalle des Ungarischen Kunstgewerbemuseums (▶ S. 138). Es wurde im Jugendstil vom ungarischen Architekten Ödön Lechner errichtet und 1896 eröffnet.

Wal ist eine gelungene Mischung aus kulturellem Zentrum und Handwerksmarkt. So gibt es neben einer Galerie auch verschiedene Geschäfte, die Antiquitäten oder Lederwaren verkaufen. Aber auch Lebensmittel können im Walfisch erstanden werden, wie Schokolade oder auch geräucherte Fleischwaren. Natürlich darf in so einem Zentrum das leibliche Wohl nicht zu kurz kommen. Dafür sorgt u. a. das Team des Jónás Bierhaus. Dort gibt es selbst gebrautes Bier vom Fass und laut eigener Aussage »einen der besten Kaffees der Stadt«.

IX. | Fővám tér 11–12 | Tram/Bus: Fővám tér | www.balnabudapest.hu | Mo–So 9.30–22 Uhr

MODE

8 Dora Abodi   D7

Die Designerin Dóra Abodi ist eine, die es geschafft hat. Ihre Entwürfe sind mittlerweile rund um den Erdball Modekennern ein Begriff. Dabei fällt es schwer, ihren Stil zu beschreiben. »Experimentell«, aber vor allem experimentierfreudig sind ihre Entwürfe, und größtenteils gewagt. Die Palette reicht von reich bedruckten Stoffen in opulentem Design, die stark an die Entwürfe namhafter italienischer Modehäuser erinnern, über bequeme Sweater bis hin zu futuristischem Design, dessen Alltagstauglichkeit zwar Fragen aufwirft, aber auf jeden Fall künstlerisch anspruchsvoll ist. Das Label Dora Abodi ist immer auch ein Statement der Trägerin mit Mut zum Außergewöhnlichen, denn eine Jacke, über und über mit Swarovski-Kristallen besetzt, zieht gewiss alle Blicke auf sich. Doch Dóra Abodi entwirft

nicht nur Kleidung. Auch Schmuck und Taschen finden sich im Showroom in der Ráday utca. Diese sind ebenso vielfältig und mit demselben Gespür für modisch Neues gemacht wie die Kleider. Der Showroom R 9 bietet allerdings nicht nur dem Label Dora Abodi ein Zuhause. Das Prinzip des Concept Store, mehrere Designer in einem Geschäft zu präsentieren, wird auch hier mit großem Erfolg umgesetzt. Vorbeischauen lohnt sich also mehrfach.

IX. | Ráday utca 9 | Metro/Tram/Bus: Kálvin tér | www.doraabodi.com | Di–Fr 14–20 Uhr

9 Medence re+concept   C–D7

Die Gruppe Medence re+concept arbeitet schon seit mehr als zehn Jahren erfolgreich mit demselben Konzept, Taschen aus recycelten Materialien herzustellen. Die Idee ist keineswegs neu, funktioniert deswegen aber nicht minder gut. Den drei Künstlern Andráss Gross, Gergely Magyar und Tóbiás Terebessy geht es vor allem darum, mit ihren Entwürfen einen neuen, bewussteren Lebenswandel bei ihren Kunden zu erreichen. Alte Werbeplanen und alles, was nicht zerfällt, wird hier zu neuem Leben erweckt. Den Künstlern ist es wichtig, ihre Kunden in den Gestaltungsprozess mit einzubeziehen. Der Aspekt des Gemeinsamen reicht jedoch noch weiter, so bietet der Kreativraum auch Platz, um Workshops zu arrangieren und Interessierten die Möglichkeit zu bieten, selbst zu erlernen, wie die strapazierfähigen Accessoires hergestellt werden können.

IX. | Pipa utca 4 | Tram/Bus: Fővám tér | www.medencedesign.com | Mo–Fr 10–18 Uhr

KULTUR UND UNTERHALTUNG

KONZERTE

⑩ Budapest Music Center (Budapester Musikzentrum) 🏷 D 8

Egal, ob Kammerkonzerte oder Jazz, egal, ob man an einem internationalen Workshop teilnehmen möchte oder einfach nur einen der leckersten Burger der Stadt probieren möchte, das Budapest Music Center ist der richtige Ort. Der Konzertsaal bietet 350 Gästen Platz, und der Klang wird sogar kritische Ohren überzeugen. Wer tiefer in die Welt der Musik eintauchen möchte, kann dies in der umfangreichen Sammlung des Hauses, die jedem kostenfrei zur Verfügung steht. Ebenfalls im Haus befindet sich das Label BMC, welches mittlerweile fast 200 Alben veröffentlicht hat, wobei die Bandbreite hier ebenfalls von klassischer Musik bis zum zeitgenössischen Jazz reicht. Außerdem gehört zum Budapest Music Center der Opus Jazz Club, das erste Fine Burger Restaurant der Stadt. Neben extravaganten, gehaltvollen Burgern gibt es hier jeden Donnerstag bis Samstag ab 21 Uhr Jazzkonzerte in freundlicher Atmosphäre.

IX. | Mátyás utca 8 | Metro/Tram/Bus: Kálvin tér | www.bmc.hu, www.opus jazzclub.hu | Restaurant: Mo, Di, So 11.30–22, Do–Fr 11.30–24, Sa 18–1.30 Uhr | €€

⑪ Művészetek Palotája (Palast der Künste) ▶ S. 44

THEATER UND TANZ

Bakelit Multi Art Center

Zufällig über das Bakelit zu stolpern ist fast unmöglich, dafür ist es zu weit vom Stadtzentrum entfernt. Aber es lohnt sich, den Weg auf sich zu nehmen, denn das Bakelit bietet seit 1999 modernes Theater in unterschiedlichsten Formen. In ehemaligen Fabrikräumen wird getanzt, gespielt, musiziert, getrommelt, aber all das auch gelehrt, denn in regelmäßigen Abständen werden Workshops angeboten. Auf gut Glück oder mit festem Programm – das Bakelit sollten Sie auf keinen Fall auslassen, denn hier weht authentische Theaterluft, und selbst als Zuschauer meint man, Teil des kreativen Prozesses zu sein.

IX. | Soroksári út 164 | HÉV/Bus: Timót utca | Tel. 01/3 47 08 03 | Mo–Fr 9–23 Uhr

⑫ Nemzeti Szinház (Nationaltheater) 🏷 D 9

Wer des Ungarischen nicht mächtig ist, sollte trotzdem einen Ausflug etwas abseits des Stadtzentrums bis zum Nationaltheater wagen. Denn der Neubau von 2002 und der ihn umgebende Park vermitteln einen Überblick über die ungarische Geschichte in Kurzform. Das Theater selbst soll an ein auf der Donau treibendes Schiff erinnern, sogar eine Bootsspitze ist Teil des Parks. Geht man dichter an das Gebäude heran, sieht man überall Reminiszenzen an vergangene Epochen. Und tatsächlich scheinen alle architektonisch relevanten Stile in diesem Theater verbaut, von antiken Säulen über eine Skulptur mit langem Schnabel, die an Pestmasken aus dem Mittelalter erinnert, bis hin zum futuristisch anmutenden Stahlkonstrukt auf der Spitze des Theaters. Sogar ein Labyrinth aus Hecken und die Andeutung des Turms zu Babel findet man im angrenzenden Park.

Wie ein großer Ozeandampfer mutet die Konstruktion des Nationaltheaters (▶ S. 108) an, das im postmodernen Stil von der ungarischen Architektin Mária Siklós errichtet wurde.

🕐 Bei Sonnenuntergang ist es am Donauufer am Nemzeti szinház am schönsten.

IX. | Bajor Gizi park 1 | Tram/Bus: Közvágóhíd oder Tram/Bus: Milleniumi Kulturális Központ

🔟3 Trafó Kortárs Művészetek Háza (Trafó-Haus der Modernen Künste)
▶ S. 44

BARS

🔟4 Élesztő   🍺 D–E 8

Ungarn ist für seine Weine bekannt, doch auch in Sachen Bier tut sich so einiges. Jährlich findet das Főzdefeszt statt, ein Festival für heimische Brauereien. Als greifbarstes Ergebnis dieses Festivals hat 2013 das Élesztő in unmittelbarer Nähe zum Theater Trafó eröffnet. Das Ziel der Kneipe ist klar: heimischen Brauereien eine Chance zu geben. Im Élesztő gibt es deswegen 17 selbst gebraute Biere, die aus 17 unterschiedlichen Hähnen sprudeln. Eine angenehme Adresse, zu der man gerne wiederkommt.

IX. | Tűzoltó utca 22 | Metro/Tram: Corvin-negyed | Tel. 070/2 33 50 52 | www.elesztohaz.hu | Mo–So 15–3 Uhr | €

VIII. BEZIRK

Zu den ältesten Stadtteilen Budapests zählt der VIII. Bezirk, Józsefváros (Josefsstadt) genannt. Einst wohnten hier im sogenannten Palastviertel viele Aristokraten. Heute ist der am Pester Donauufer gelegene Bezirk Sitz mehrerer Universitäten.

Ähnlich wie der IX. ist auch der VIII. Bezirk in sich nicht homogen, sondern kann und muss in touristische und »kritische« Zonen unterteilt werden. Dabei befinden sich einige der wichtigsten kulturellen Einrichtungen und Bildungsstätten in diesem Viertel. Wohl auch deswegen ist dieser Bezirk so beliebt bei Studenten, die auch das Stadtbild deutlich prägen.

BILDUNGSINSTITUTE IM PALASTVIERTEL

Gleich zwei angesehene Universitäten haben ihren Sitz in Józsefváros. Die Eötvös Lóránt-Universität und die deutschsprachige Andrássy-Universität liegen fast Tür an Tür mit dem Nationalmuseum. Auch die reformatorische Károly-Gáspár-Universität, die katholische Pázmány-Péter-Universität, diverse Fakultäten der Óbudai-Universität, das nationale Rabbi-Ausbildungszentrum und die international bekannte Semmelweis-

◄ Prachtvolle Räumlichkeiten: Ervin-Szabó-
Bibliothek im Wenckheim-Palast (▶ S. 112).

Mediziner-Universität sind im VIII. Bezirk zu finden.
Während diese im sogenannten »Palastviertel« angesiedelt sind, nimmt die Eleganz der Häuser jedoch ab, je weiter man sich vom Stadtzentrum entfernt. Nur wenige Schritte außerhalb der großen Ringstraße (Nagykörút) stehen die Mietskasernen der Jahrhundertwende, in denen teilweise noch prekäre Verhältnisse herrschen. Der VIII. Bezirk hat es bis heute nicht geschafft, einen guten Mittelweg zwischen ausladendem Prunk und gutbürgerlichem Wohlstand und dem Image des Armenhauses der Stadt zu finden. Und so steht der Blaha Lujza tér stellvertretend für viele Gegebenheiten im Bezirk: Wo junge Feierwütige, gut situierte Erwachsene und die Ärmsten der Armen auf kleinstem Raum aufeinandertreffen.
Nichtsdestotrotz lebt es sich im VIII. Bezirk angenehm wie in kaum einem anderen Stadtteil Budapests, da die Mieten günstig sind und die Lage zentral ist. Und sobald im Frühling die Sonne rauskommt, wird es draußen vor den Cafés lebendig. Besonders beliebt bei Einheimischen sind die Kneipen rund um den Mikszáth Kálmán tér.

STRASSENCAFÉS AUF HOHEM NIVEAU

Der Mikszáth Kálmán tér, oder nur Mikszáth tér, gilt unter Budapestern als einer der schönsten Plätze der Stadt. Das liegt nicht nur am geschmackvoll gestalteten Platz selbst, sondern an der Vielzahl verschiedener Kneipen und Cafés, die den kleinen Platz im Herzen der Stadt komplett einnehmen, sobald die Temperaturen hoch genug sind.
Und kaum sind die Tische und Stühle aufgestellt, wird der Platz von Budapestern in Beschlag genommen. Nur wenige Touristen verirren sich hierher, denn obwohl der Mikszáth tér nicht weit ab des Stadtzentrums liegt, ist er doch so versteckt, dass er nicht auf der typischen Besucherroute liegt. Schon im Frühling beginnt hier die »Draußen«-Saison – sehr zur Freude vieler Stammgäste. Wer leicht friert, kann sich trotzdem einen Platz an der frischen Luft sichern, denn gerne bringen die Kellner eine warme Decke.

SEHENSWERTES

❶ Fővárosi Szabó Ervin Könyvtár (Hauptstädtische Ervin-Szabó-Bibliothek) 🚩 D7

Die Ervin-Szabó-Bibliotheken verteilen sich über die ganze Stadt. Die wohl schönste Zweigstelle findet sich im Wenckheim-Palast. Schon von außen ist leicht zu erkennen, dass die Bezeichnung »Palast« keineswegs übertrieben ist. Im Inneren gibt es auf den ersten Blick die gewohnt langen Reihen an Regalen. Doch hier und da gelangt man in einen der Räume, die an die Blütezeit des Palasts erinnern. Holzschnitzereien, Wandtäfelungen und imposante Kronleuchter geben eine Idee davon, wie es einst war. Natürlich stehen diese Räume auch für Besichtigungen offen, allerdings nur nach Anmeldung mindestens zwei Wochen im Voraus. Nichts für Kurzentschlossene also, aber wer kann, sollte diese Möglichkeit nutzen, denn die Erhabenheit und Schönheit, die der Wenckheim-Palast von außen verspricht, wird im Inneren noch weit übertroffen.

VIII. | Szabó Ervin tér 1 | Metro/Tram/Bus: Kálvin tér | Tel. 01/4 11 50 19 | www.fszek.hu | Anmeldung per Mail: csoportvezetes@fszek.hu | Fremdsprachige Führung 1000 Ft pro Person

❷ Füvészkert (Botanischer Garten) 🚩 E8

Wie eine grüne Insel der Ruhe liegt der Füvészkert, der botanische Garten der Eötvös-Loránt-Universität im weniger repräsentativen Teil des VIII. Bezirks. Doch der Weg dorthin lohnt sich. Die Pester Seite der Stadt ist ohnehin weniger grün, und da erfrischt ein Spaziergang zwischen Palmen, Orchideen und anderen botanischen Besonderheiten die Seele ungemein. Nehmen Sie sich die Zeit, und verweilen Sie ein wenig, beobachten Sie vorbeiziehende Studentengruppen, oder lassen Sie sich von der Ruhe einer dort abgehaltenen Tai-Chi-Stunde inspirieren. Eine liebenswerte Besonderheit: Der Name Füvészkert geht auf das beliebte Kinderbuch »Die Jungs aus der Pál Straße« von Ferenc Molnár zurück, und mittlerweile ist dies auch der offizielle Name des Gartens.

VIII. | Illés utca 25 | Metro: Klinikák oder Bus: Kálvária tér | Tel. 01/2 10 10 74 | www.fuveszkert.org | 1. Nov.–31. März tgl. 9–16, 1. April–31. Okt. tgl. 9–17 Uhr | Eintritt 850 Ft, erm. 400 Ft, Fotoerlaubnis (für Privatpersonen) 300 Ft

❸ Nemzeti sírkert (National-friedhof) 🚩 C6–7

Ein Friedhof scheint nur bedingt als Ausflugsziel geeignet, doch im Falle des Nemzeti sírkert ist eine Ausnahme geboten. In diesem Friedhof, der einer großen Parkanlage ähnelt, sind nahezu alle großen Persönlichkeiten der ungarischen Geschichte der vergangenen 150 Jahre beerdigt. Kunstvolle Skulpturen schmücken ihre Grabstätten, für bekannte Staatsmänner oder Industrielle wurden zum Teil auch Mausoleen errichtet.

VIII. | Fiumei út 16 | Tram: Salgotarjáni utca | Tel. 01/3 23 52 02 | www.nemzetisirkert.hu | Mo 7.30–17, Di–Fr 7.30–15.30 Uhr

❹ Palotanegyed (Palastviertel) 🚩 D7

Auch außerhalb der hauptstädtischen Ervin-Szabó-Bibliothek gibt es Prachtbauten wohin man sieht. Denn der Bereich hinter dem Nationalmuseum wird nicht umsonst »Palastviertel« genannt. Selten sieht man so viele Schmuckstücke auf einmal, verzierte Eingänge und prächtig geschmückte Fassaden lassen den Besucher staunen, welch Reichtum zu Zeiten der Habsburger Monarchie hier zu Hause war. Viele der Häuser tragen bis heute den Namen der Familie, die einst dort lebte. Auch heute noch dienen viele der Paläste als Wohnhäuser, aber auch Universitätsräume und kulturelle Einrichtungen sind in das Palastviertel eingezogen. Die deutschsprachige An-

drássy-Universität beispielsweise ist im Festetics-Palast zu Hause und das italienische Kulturinstitut zog in das ehemalige Abgeordnetenhaus ein. Dieses wurde, wie auch einige andere, von Mikló Ybl entworfen, der wie nur wenige Architekten das Bild der Stadt prägte. Richten Sie den Blick beim Schlendern durch das Viertel hin und wieder auch in die Höhe, Sie werden überrascht sein.

VIII. | Szabó Ervin tér, Reviczky utca, Pollack Mihály tér, Bródy Sándor utca, Múzeum utca, Trefort utca, Lörinc pap tér, Gyulai Pál utca | Metro/Tram/Bus: Kálvin tér

MUSEEN UND GALERIEN

MUSEEN

**⑤ Magyar Nemzeti Múzeum
(Ungarisches Nationalmuseum)**
▶ S. 140

GALERIEN

⑥ Művelődési szint ▶ S. 144

ESSEN UND TRINKEN

RESTAURANTS

⑦ Almárium Bisztró　　　　　🚩 D 7

Modern, elegant, jazzig – Während einige elegant erscheinende Restaurants in Budapest an Kleinigkeiten scheitern, passt im Almárium einfach alles. Das Design ist modern, die Kellner sind freundlich und schnell, und das Essen hält, was die Innenausstattung verspricht. Denn hier wird international, aber weitestgehend aus heimischen Produkten gekocht. Dank des Einfallsreichtums des Kochs wird hier eine ungarische Alltäglichkeit wie Madártej (Vanillesuppe), mit Mango gemischt, auf einmal zu einer ganz neuen Geschmacksvariation. Auch beim Anrichten der Speisen beweisen die Köche im Almárium ein Händchen für modernes Design, und bei dem einen oder anderen Hauptgang oder Dessert kostet es fast ein wenig Überwindung, die kulinarischen Kunstwerke tatsächlich zu probieren. Mit etwas Glück erwischt man einen der Jazzabende im Almárium, wo zum gediegenen Essen hochkarätige Musiker mit ihrem Beitrag den Abend abrunden.

VIII. | Horánszky 5 | Tram: Rákóczy tér | www.almariumbisztro.hu | Tel. 0 20/9 28 93 02 | Mo–Mi 11–23, Do 11–24, Fr und Sa 11–1 Uhr | €€€

Im romantisch-grünen Innenhof des Épiteszpince (▶ S. 115) entspannen Studenten nach ihren Vorlesungen, das zugehörige Kellerrestaurant ist in minimalistischem Design eingerichtet.

8 Épitészpince   D 7

Design trifft Romantik – Beim Durchschreiten des schweren Holztors in der Ötpacsirta utca 2 meint man, in eine andere Welt einzutreten. Der Innenhof des Restaurants Éptészpince gleicht einem verwunschenen Schloss, Kletterpflanzen bedecken die Wände und hängen schwer vom Vordach über der geschwungenen Doppeltreppe herab. Wenige Treppenstufen sind es bis in den »Architektenkeller«, und schon wieder betritt man eine neue Welt, denn hier ist alle Romantik des Innenhofs vergessen, und minimalistisches, modernes Design bestimmt den Raum. Um die Mittagszeit herum fühlt man sich hier wie in einer Universitätsmensa, wenn Professoren der nahegelegenen Andrássy-Universität gemeinsam oder mit ihren Studenten zu Mittag essen und nebenbei die Themen der vergangenen Seminarstunde vertiefen. Bei gutem Wetter empfiehlt sich ein Platz im schattigen Innenhof, auch wenn es im Keller kühler ist.

VIII. | Ötpacsirta utca 2 | Metro/Tram/Bus: Kálvin tér | Tel. 01/2 66 47 99 | www.epiteszpince.hu | Mo–Do 11–22, Fr und Sa 11–24 Uhr | €–€€

9 Fescke presszó   D 7

Nicht nur für Studenten – Bei gutem Wetter und generell um die Mittagszeit ist es reine Glückssache, einen Tisch im Fescke (Schwalbe) zu bekommen. Zwischen zwei Vorlesungen oder in der Mittagspause bietet das kleine Lokal Mittagsmenüs zu studentischen Preisen. Die Tische draußen sind klein und manchmal wackelig, die Kellner mitunter mit dem Gästeansturm überfordert, aber das Essen ist gut und

reichhaltig und der Ausblick in Richtung Kálvin tér oder hinein ins Palastviertel zu unterhaltsam, als das man sich an solchen Kleinigkeiten stören möchte. Das Fecske ist im Sommer auch am Abend eine gute Adresse, wenn der Bereich zwischen Kálvin tér und dem Eingang zur Baross utca fast komplett zur Freiluftkneipe wird. Hier trifft sich ein bunter Querschnitt Budapester Bürger.

VIII. | Baross utca 10 | Metro/Tram/Bus: Kálvin tér | Tel. 01/2 93 19 80 | www.fecsketerasz.hu | Mo–Fr 10–1, Sa 12–1, So 14–1 Uhr | €

10 Fülemüle   D 7

Wie bei Oma – Blickt man in die Karte des Fülemüle, fällt einem nur eines ein: Das kommt mir bekannt vor! Hier gibt es weder ausgefallene Fusion- oder experimentelle Küche, noch wird hier die ungarische Küche neu erfunden. Nein, hier gibt es genau das, was man bei seiner eigenen (ungarischen) Großmutter auch zu essen bekäme. Im Fülemüle wird kein Hehl daraus gemacht, dass die Speisekarte seit Jahrzehnten nicht verändert wurde, denn auch die Rezepte sind unverändert. Hier wird mit Liebe zur Tradition und frischen Zutaten gekocht. So ist es auch kein Wunder, dass die Portionen hier mehr als großzügig sind. Insofern ist Vorsicht bei der Bestellung geboten, die typische Suppe vor dem Hauptgericht allein kann schon so sättigend sein, dass einfach keine Chance für eine der anderen herzhaften Spezialitäten besteht. Das Fülemüle liegt etwas abseits der typischen Touristenpfade, und so kann es mitunter auch zu Problemen bei der Kommunikation kommen. Aber die

Kellner sind freundlich, und mit einem Lächeln und etwas Geduld wird man sich sicherlich verständigen können.

VIII. | Kőfaragó utca 5 | Metro/Tram/Bus: Kálvin tér | www.fulemule.hu | So–Do 12–22, Fr–Sa 12–23 Uhr | €€

CAFÉS

⓫ Csiga Café   ✎ E7

Günstig und gemütlich – In direkter Nachbarschaft zur Markthalle am Rákóczy tér befindet sich das Csiga Café. Entgegen dem Namen ist das Csiga (Schnecke) aber eine gute Adresse, um eine Kleinigkeit zu essen. Wöchentlich wechselnde Menüs bieten selbst für Stammkunden mehrmals pro Woche die Chance, etwas Neues zu probieren. Gekocht wird hier, was schmeckt, von ungarischen Klassikern wie Fleischsuppe über italienische Nudelgerichte bis hin zu indischen Besonderheiten.

VIII. | Vásár utca 2 | Tram: Rákóczy tér oder Metro/Tram/Bus: Blaha Lujza tér | Tel. 0 30/6 13 20 46 | Mo–Sa 10–24, So 12–24 Uhr | €

⓬ Lumen Kávézó   ✎ D7

Kaffee und Fotografie – Die in Budapest immer beliebtere Kombination aus Kunst und Kaffee hat sich auch das Lumen zum Leitmotiv genommen. Wo andernorts Gemälde und Skulpturen das Innere schmücken, sind es im Lumen Fotografien, die den Blick des Besuchers einfangen. Selbst das ungeübte Auge wird erkennen, dass hier Könner am Werk waren, und während man einen nach allen Regeln der Kunst zubereiteten Espresso genießt, kann man sich die ein oder andere Motividee der Profis abschauen.

VIII. | Mikszáth Kálmán tér 2–3 | Metro/Tram/Bus: Kálvin tér | Tel. 0 20/9 72 17 11 | www.lumenkave.hu | Mo–Fr 8.30–19, Sa 9.30–17 Uhr | €€

⓭ Zappa Café   ✎ D7

Eines der Cafés rund um den Mikszáth Kálmán tér ist das Zappa, benannt nach dem berühmten Rockmusiker Frank Zappa. Hier gibt es ungarische Hausmannskost zu günstigen Preisen und am Abend gelegentlich das ein oder andere Konzert. Vorbeischauen lohnt sich, und wenn auch nur, um den Blick auf den vermeintlich schönsten Platz Budapests zu genießen.

VIII. | Mikszáth Kálmán tér 2 | Metro/Tram/Bus: Kálvin tér | Tel. 0 20/9 72 17 11 | www.zappacaffe.hu | Mo–Fr 10–4, Sa und So 12–4 Uhr | €–€€

EINKAUFEN

DESIGN

⓮ Heinrich alkotói szint   ✎ D7

Das Heinrich alkotói szint zu beschreiben ist schwierig. Showroom oder Ausstellungsraum wäre zu wenig, denn hier wird Kunst nicht nur verkauft, sondern auch geschaffen. Hier gibt es immer etwas zu entdecken, immer bringt einer der hier beheimateten Designer seine neueste Kollektion heraus. Dabei kann man sich hier von Kopf bis Fuß (inklusive Accessoires) einkleiden und auch seine Wohnung individuell einrichten. Mindestens genauso spannend, wie zwischen den verschiedenen ausgestellten Stücken zu schlendern und zu stöbern, ist es, einem der dort ansässigen Künstler und Designer beim Entwerfen und Schaffen der nächsten Kollektion über die Schulter zu schauen. Eigentlich war »Heinrich

Eine Kombination aus Fotogalerie und Kaffeebar ist das Lumen (▶ S. 116) am Mikszáth Kálmán tér, wo regelmäßig Fotokünstler die Gelegenheit bekommen, ihre Werke auszustellen.

alkotói szint« zunächst eine großbürgerliche Wohnung, heute sind in den vielen kleineren und größeren Zimmern Ateliers und Werkstätten beheimatet, die Besuchern jederzeit offenstehen. Nicht jeder Designer ist immer anzutreffen, aber interessant ist es hier jederzeit. Selbst wenn man zwischen der fast unendlichen Auswahl nicht fündig wird, ist ein Besuch keinesfalls umsonst, denn wo sonst erlebt man Künstler so hautnah in Aktion.

VIII. | Üllői út 32 | Metro/Tram: Corvin Negyed | heinrichudvar@gmail.com | Mo–Fr 10–20 Uhr

MODE

15 FLATLAB D7

Das FLATLAB ist typisch für das neue, modisch und künstlerisch interessierte und interessante Budapest. Ein Showroom, in dem nicht nur ausgestellt, sondern auch der Schaffungsprozess beobachtet werden kann. Hier stellen permanent fünf Designer aus, die unterschiedlicher kaum sein könnten. Mei Kawa beispielsweise ist Herrenmode mit klaren Linien, aber immer etwas Besonderem. Weder auffällige Muster noch extreme Farben stören hier das Bild, stattdessen dominieren gedeckte Farben und lassen so die interessanten Schnitte und das Design in den Vordergrund treten. Aber auch Urban Legend ist hier vertreten: Fahrradkleidung, die keineswegs sportlich daherkommt. Vielmehr sind die Entwürfe farbenfroh, bequem und immer an die Bedürfnisse eines Radfahrers angepasst. Doch im FLATLAB gibt es nicht nur Mode, sondern auch Kunst. Im Changeroom werden in zeitlich unterschiedlichen Abständen junge ungarische Künstler ausgestellt, um so eine noch kreativere Atmosphäre zu schaffen. Vorbeischauen lohnt sich also auf jeden Fall.

VIII. | Baross utca 3 (Klingel 14) | Metro/Tram/Bus: Kálvin tér | www.flatlab.hu | Mo–Fr 13–20 Uhr

SECOND HAND

16 Iguana Retro Fashion D7

Skurril, bunt gemischt und immer anders, so in etwa ließe sich das Geschäft »Iguana Retro Fashion« beschreiben. Wer mit bestimmten Vorstellungen kommt, könnte allerdings enttäuscht werden. Denn hier gibt es irgendwie alles, von restaurierten und mit Liebe gebauten Rädern über Taschen, Plüschtiere, Vinylplatten und natürlich auch Kleidung und andere Accessoires. Das Sortiment stammt nicht nur aus Ungarn, sondern findet seinen Weg aus aller Welt in den vollgestopften Laden im VIII. Bezirk. Wer hier einkehrt, der sollte Zeit mitbringen, denn sich durch die schier endlose Auswahl zu arbeiten erfordert ein wenig Geduld.

VIII. | Krúdy Gyula utca 9 | Tram/Bus: Harminckettesek tere | www.iguana retro.hu | Mo–Fr 10–18, Sa 10–14 Uhr

KULTUR UND UNTERHALTUNG
MUSIK

17 Muzikum Klub D7

Was genau der Muzikum Klub ist, ist schwer zu sagen. Hier kann man sich bereits zum Frühstück einfinden, zu Mittag aus dem Menü wählen oder am Abend à la carte essen. Aber wirkliche Aufmerksamkeit hat der Klub als Veranstaltungsort verdient, denn allabendlich erwartet die Besucher hier ein vielfältiges Programm. Mal wird ein Jazzabend veranstaltet, mal ein Film gezeigt (zumeist Original mit Untertitel), oder eine anspruchsvolle Tribute-Band spielt auf und lässt kaum Wünsche offen.

VIII. | Múzeum utca 7 | Metro/Tram/Bus: Kálvin tér | Tel. 0 20/2 21 77 67 | www.muzikum.hu | Mo–Mi 10–1, Do 10–2, Fr 10–3, Sa 17–3 Uhr | €€

18 Nothin' but the Blues Pub D7

Seit mehr als 20 Jahren hat sich das Nothin' but the Blues Pub anspruchsvoller Musik verschrieben. Neben dem im Namen erwähnten Blues wird hier auch Jazz gespielt. Es treten echte Größen der ungarischen Musikszene gemeinsam auf, weshalb Freunde anspruchsvollen Blues diese urige Lokalität zu schätzen wissen. Ergänzt wird der Musikgenuss durch das kulinarische Angebot ungarischer Klassiker wie Hähnchenkeule oder Hühnersuppe. Die leckeren Gerichte werden frisch zubereitet und ohne lange Wartezeit von nicht ganz fremdsprachensicheren Kellnern serviert.

VIII. | Krúdy Gyula utca 6 | Tram/Bus: Harminckettesek tere | Tel. 0 20/3 22 86 02 | blues.csaba@gmail.com | Mo–Do 11–1, Fr und Sa 11–3 Uhr | €–€€

Literarische Streifzüge durch die Welt –
mit beliebten Autoren die schönsten Regionen
und Metropolen entdecken.

MERIAN

erzählt

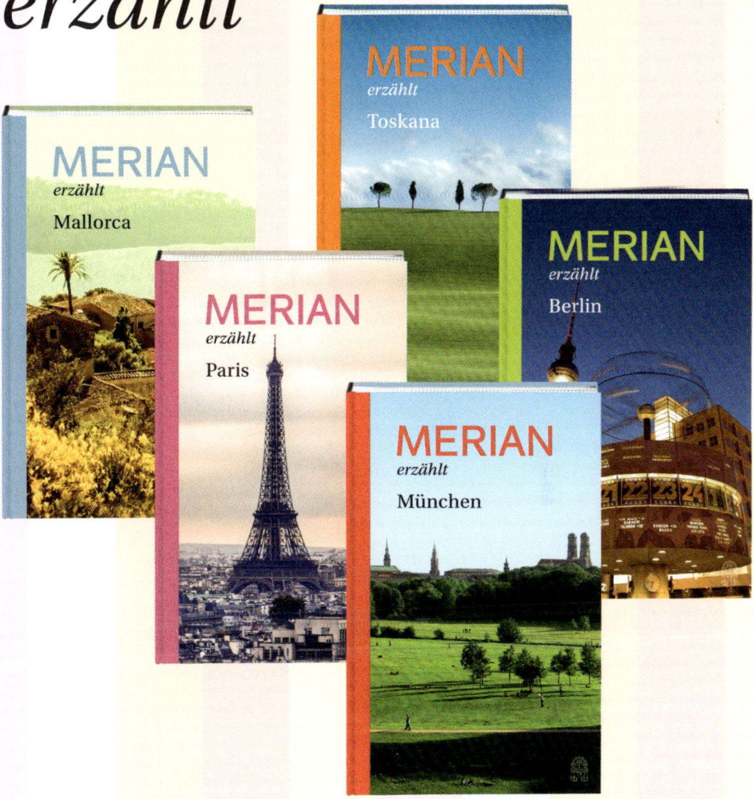

MERIAN

erzählt

Toskana

MERIAN

erzählt

Mallorca

MERIAN

erzählt

Berlin

MERIAN

erzählt

Paris

MERIAN

erzählt

München

Hoffmann und Campe

VII. BEZIRK

Der VII. Bezirk erhielt seinen Namen Erzsébétváros nach Kaiserin Elisabeth. Hier sind viele Gebäude des 19. Jh. noch original erhalten, da in den Kriegen wenig zerstört wurde. Kirchen und Synagogen bestimmen das Bild des jüdisch geprägten Stadtteils.

Der VII. Bezirk ist unzweifelhaft der belebteste in ganz Budapest. Neben bekannten Kneipenmeilen wie der Kaczinzy utca ist es vor allem das jüdische Viertel, das den Bezirk prägt. In diesem Stadtteil befindet sich die größte Synagoge Europas ebenso wie viele koschere Restaurants und weitere Zentren des jüdischen Glaubens.

Wer vor allem am Wochenende am Abend in Erzsébetváros, so der Name des Bezirks, unterwegs ist, sollte sich auf Horden angetrunkener junger Erwachsener gefasst machen, denn leider befinden sich im VII. Bezirk erstklassige Restaurants in unmittelbarer Nähe zu Touristenkneipen. Doch das gehört ebenso dazu wie die orthodoxen Juden mit Kippa und Hut. Auch dieser Bezirk erstreckt sich über die Große Ringstraße (nagykörút) hinaus, doch im Gegensatz zum VIII. und IX. Bezirk bleibt es ansehnlich in Erzsébetváros. Am westlichen Ende stößt der Bezirk, eben-

◀ Blick in den Innenraum der Synagoge in der Dohány utca (▶ MERIAN TopTen, S. 121).

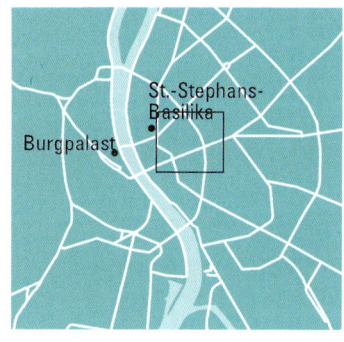

so wie der benachbarte VI., an das Stadtwäldchen. Während der Heldenplatz oft noch zu eben jenem gezählt wird, scheinen das Stadtwäldchen, der Zoo und der hauptstädtische Zirkus in den Gedanken der Budapester zum VII. Bezirk gehörig. All dies zusammen genommen macht Erzsébetváros, benannt nach der österreichischen Kaiserin Sisi, zu einem lebens- und erlebenswerten Ort.

SEHENSWERTES

☆ Dohány utcai zsinagóga (Große Synagoge in der Dohány utca) ⚑ D 6

Umgangssprachlich wird die Synagoge nur »die große Synagoge« genannt, und tatsächlich ist dieser Name treffend. In der Mitte zwischen Deák Ferenc tér und Astoria gelegen, ist sie aus beiden Richtungen sichtbar. Das Gotteshaus umfasst neben den Gebetsräumen auch eine Dauerausstellung in einem Seitenflügel, einen Friedhof und ein Mahnmal. Eine Trauerweide aus Metall, entworfen von Imre Varga, ist das vielleicht intensivste Stück der Synagoge. Auf den Blättern der Weide sind die Namen der Holocaust-Opfer, die aus ungarischen jüdischen Familien stammen, eingraviert.

Der Friedhof im Garten der Synagoge ist einzigartig, denn im Gegensatz zu christlichen Kirchen dürfen sich jüdische Friedhöfe nicht in direkter Nachbarschaft zu Gotteshäusern befinden. Das prachtvolle Innere und die hervorragende Akustik machen die Synagoge außerdem zu einem beliebten Konzertsaal, der auch außerhalb des jüdischen Sommerfests immer wieder für Konzerte genutzt wird.

VII. | Dohány utca 2 | Metro/Tram/Bus: Astoria oder Ferenc tér | Tel. 01/3 43 04 20 | www.dohanyutcaizsinagoga. hu | So–Do 10–18 Uhr, 2. April–31. Okt. Fr 10–16.30 Uhr | Eintritt 2250 Ft, erm. 1200 Ft, Fotogenehmigung 500 Ft pro Person

❶ Kazinczy utcai zsinagóga (Synagoge in der Kazinczy-Straße) ⚑ D 6

Nur wenige Schritte entfernt von der Synagoge in der Dohány utca, ist die weniger repräsentative, aber nicht weniger wichtige Synagoge in der Kazinczy utca zu finden. Dort, wo man von einem Kneipenabschnitt zum nächsten gelangt, ist das Gotteshaus von außen und auf Augenhöhe recht unauffällig. Doch hebt man den Blick, sieht man zurückhaltende, dafür aber bis ins Detail ausgearbeitete Verzierungen. Das Innere ist weniger prachtvoll als in der Großen Synagoge, jedoch nicht weniger aufwendig verziert. Eine Besonderheit des Gotteshauses ist das Mikve, das rituelle Bad, welches nach den strengen Glaubensvorschriften orthodoxer Juden 2004 erneuert wurde. Die Synagoge ist nicht einzeln zu besichtigen, sondern nur als Teil einer kombiniert-geführten Tour durch die Synagoge in der Dohány utca.

VII. | Kazinczy utca 29–31 | Metro/Tram/Bus: Deák Ferenc tér | www.aviv.hu (Für Ticketbuchungen) | Führungen ab 10.30 stdl. | Eintritt inkl. Führung ab 3800 Ft

2 Szent Erzsébet plébániatemplom (St.-Elisabeth-Kirche) E 6

Etwas weiter die Dohány utca hinunter befindet sich der malerische Rózsák tere mit der Szent Erzsébet templom in der Mitte. Die Kirche ist eines der Bauwerke, das ebenfalls vom Architekten des Ungarischen Parlaments, Imre Steindl, entworfen wurde. Das große Rosettenfenster über dem Haupteingang ist in Keramik gefasst. Da der kleine Platz relativ schlecht mit öffentlichen Verkehrsmitteln zu erreichen ist, lohnt sich ein Spaziergang vom Blaha Lujza tér die Dohány utca hinauf.

VII. | Rózsák tere 2 | Metro/Tram/Bus: Blaha Lujza tér

8 New York-palota (New-York-Palast) D 6

Fährt man mit der Straßenbahnlinie 4 oder 6 von Buda nach Pest, kommt man zwischen Blaha Lujza tér und Király utca am New-York-Palast vorbei. Unweigerlich bleibt der Blick an dem imposanten Gebäude hängen, das einst um die Jahrhundertwende zur New York Life Insurance Company gehörte. Das 1894 eröffnete eklektische Bauwerk beherbergt heute neben einem Luxushotel auch eines der schönsten Kaffeehäuser der Stadt, das New-York-Café ▶ S. 125.

MUSEEN UND GALERIEN
3 Örökmozgó Filmmúzeum ▶ S. 141

ESSEN UND TRINKEN
RESTAURANTS
4 Bodega ▶ S. 28

5 La Bodeguita D 6

Ein Hauch von Kuba – Kurz bevor die Dob utca auf die Nagykörút trifft, sieht man auf der rechten Seite den Fészek Klub. Der einstige Treffpunkt für Journalisten und Künstler aller Art beherbergt bis heute eine Kleinkunstbühne im 1. Stock. Im Erdgeschoss hingegen ist das La Bodeguita zu Hause, ein brasilianisches Restaurant, das seinesgleichen sucht. Während auch an Wochentagen die Stimmung am Abend locker und gelöst ist, ist es am Wochenende fast zu voll. Von Freitag bis Sonntag hat das Bodeguita bereits zur Mittagszeit geöffnet, und während die Tänzer des Hauses sich für ihre abendliche Show besprechen, ist es im wunderschönen Innenhof wunderbar ruhig. Unter dem dichten Blätterdach der mächtigen Platane sitzt man auch im Sommer angenehm kühl. Die Küche ist authentisch und hält neben Snacks wie Bananenchips und gebackenen Yucca-Blättern natürlich auch Hauptgerichte nach lateinamerikanischen Rezepten bereit.

VII. | Dob utca 55 | Tram: Király utca | www.labodeguitadelmedio.hu | Tel.

0 20/3 88 27 38 | Mo–Do 17–1, Fr und Sa 11–3, So 11–1 Uhr | €€–€€€

6 Frici Papa Kifőzdéje ⚑ D 6

Authentisches Budapest – Das Frici Papa ist eines der besten und gleichzeitig typischen Speiselokale. Ohne viel Dekoration, ohne Schnickschnack, dafür aber mit Speisen, die einen authentisch ungarischen Geschmack verheißen, sollte man das Frici Papa unbedingt mal ausprobieren. Ein wenig sieht es im Innern aus, als sei die Uhr hier kurz vor der Wende stehen geblieben: karierte Tischdecken, Wasserkannen auf dem Tisch, nicht wirklich bequem wirkende Stühle. Die Speisekarte bietet ausschließlich traditionell Ungarisches. Bestellen Sie sich unbedingt »savanyúság« zum Essen. Zum einen gehört das einfach zu einem ungarischen Essen dazu, zum anderen hilft das meist sauer eingelegte Gemüse dem Magen beim Verdauen der üppigen Leckereien.

VII. | Király utca 55 | Tram: Király utca | Tel. 01/3 51 01 97 | www.fricipapa.hu | Mo–Sa 11–23 Uhr | €

7 Kőleves ⚑ D 6

Jüdisch, aber nicht nur – Der Name »Kőleves« geht auf ein ungarisches

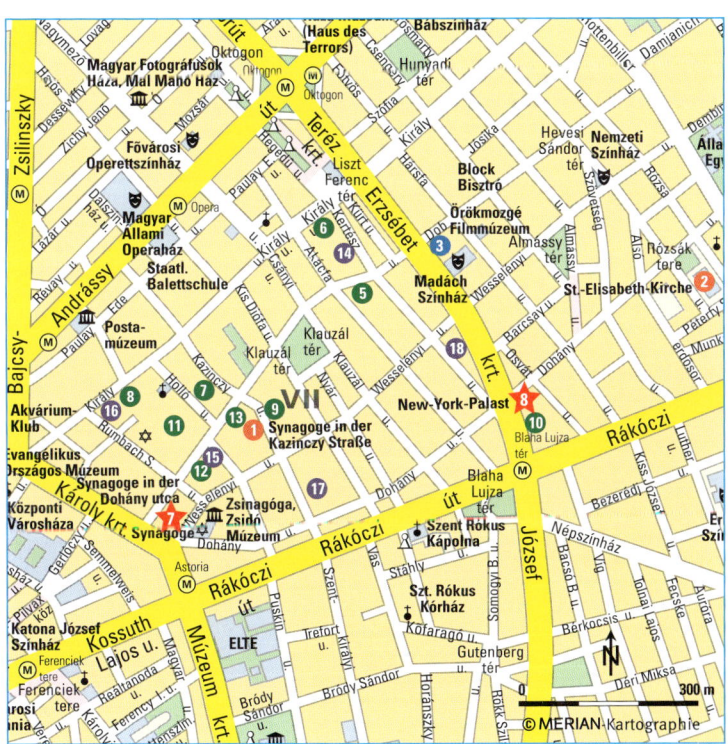

Volksmärchen zurück, in dem ein gewitzter Reisender einen geizigen Wirt dazu bringt, eine reichhaltige Suppe »nur aus einem Stein« zu kochen. Zum Glück nimmt sich das Restaurant dies nicht als Vorbild, sondern verwöhnt seine Gäste mit ungarischen, jüdischen (aber nicht koscheren) und internationalen Speisen. Sogar Vegetarisches lässt sich im Kőleves auf der Karte finden, was in Ungarn durchaus erwähnenswert ist. Während das Innere des Restaurants zwar den Versuch macht, sich dem kreativen Chaos der umliegenden Szenekneipen anzupassen, bleibt es leider lediglich beim Versuch. Im Garten hinter dem Haus gelingt das viel besser, und bei gutem Wetter kann man in einem der bequemen Hängesessel gut und gern den ganzen Abend verbringen. Denn nach einem ausgiebigen Abendessen ist der Weg bis in den Garten gerade weit genug, bei einer hausgemachten Limonade kann man dann Kräfte für die weiteren Programmpunkte des Abends sammeln.
VII. | Kazinczy utca 37–41 | Metro/Tram/Bus: Astoria | Tel. 0 20/9 36 43 68 | Mo–Fr 8–1, Sa 9–1, So 12–24 Uhr | €€

8 2Spaghi   C 6

Handgemachte Pasta – Eigentlich sollten im 2Spaghi erst nur frische, handgemachte Teigwaren aller Art verkauft werden. Weil aber immer mehr Menschen immer häufiger danach fragten, ob sie die italienischen Spezialitäten auch vor Ort verkosten könnten, beschlossen die Besitzer des 2Spaghi, ihr Angebot zu erweitern. So gibt es nun täglich zwei Pasta-Spezialitäten zur Auswahl. Da der Schwerpunkt des 2Spaghi auch weiterhin auf dem Verkauf der Teigwaren liegt, kann im Geschäft selbst nicht gegessen werden. Doch dank der freundschaftlichen Verhältnisse im Gozsdu kann im Sommer die Terrasse oder bei arg schlechtem Wetter auch das angrenzende MacCafé »One more Café« aufgesucht werden. Getränke gibt es im 2Spaghi auch nicht, aber auch da helfen sich die Kneipiers untereinander aus. Auch wenn man sich also sein Mittagessen im 2Spaghi zusammentragen muss, der unvergleichliche Geschmack handgemachter Pasta mit hausgemachter Sauce nach italienischem Originalrezept macht das ohne Weiteres wett.
VII. | Király utca 13 | Metro/Tram/Bus: Deák Ferenc tér | Tel. 0 70/2 22 37 01 | Mo–Do 11–21, Fr und Sa 11–1 Uhr | €–€€

CAFÉS

9 MassolitBudapest Könyvesbolt Kávézó   D 6

Im jüdischen Viertel gibt es so mache Adresse, die kulinarisch überrascht, aber das Massolit ist trotzdem etwas Besonderes. Die gelungene Mischung aus Buchladen und Café ist einfach zu liebenswert, um unerwähnt zu bleiben. Nach dem Vorbild des »Massolit Books and Café« in Krakau gibt es auch in Budapest eine breite Auswahl an gebrauchten und neuen Büchern. Die Besonderheit ist jedoch der direct trade Kaffee. Dies bedeutet, dass die Rösterei direkt zu den Kaffeeplantagen fährt, vor Ort in kleinster Menge röstet und probiert und je nach Bedarf den Plantagen Tipps und Hinweise für die weitere Aufzucht gibt, um eine noch bessere Qualität der Bohnen zu erzielen. Auch deswegen gibt es im MassolitBudapest je nach Jahreszeit

Als typisches Café der Belle Epoque präsentiert sich das New York kávéház (▶ S. 125) mit sei-nen marmorierten Pfeilern, der mit Stuck verzierten Decke und den goldgerahmten Spiegeln.

unterschiedliche Kaffeesorten, jeweils einen Espresso und zwei Sorten Filter-kaffee. Und auch der Kuchen ist eine Direktlieferung, allerdings kommt er aus dem Massolit selbst. Egal, ob Muf-fins, Brownies oder Karottentorte, hier wird selbst gebacken.

VII. | Nagy Diófa utca 30 | Metro/Tram/Bus: Astoria | Mo–Sa 10–20 Uhr | €–€€

⑩ New York kávéház ▶D 6

Glanz vergangener Zeiten – Buda-pest und Kaffeehäuser, das ist eine Kombination, die einfach unumgäng-lich ist. Das New York stellt hier keine

Ausnahme dar. Zwar wurde das Café zeitgleich mit dem Einzug der Ver-sicherung übergeben, doch zu seiner historischen Bedeutsamkeit gelangte das Café erst nach einem Besitzer-wechsel im Jahr 1900. Adolf Harsányi machte aus dem Café einen Tieff-punkt für Literaten, in dem Frei- und Schöngeister spontane Eingebungen auf »Hundezungen« (längliche Notiz-zettel) notieren konnten, die ihnen vom legendären Oberkellner Gyula Reisz gebracht wurden. Heute ist das New-York-Café zwar nicht mehr aus-schließlich von Schriftstellern, und sol-

Musikfreunden wird es im Spinoza kávéház (▶ S. 127) gefallen, denn hier wird jeden Tag live Klaviermusik gespielt, außerdem tritt einmal in der Woche eine jüdische Klezmer-Band auf.

chen, die es werden wollen, bevölkert, doch der Prunk der vergangenen Tage lockt noch immer Interessierte aus aller Welt an. Ehrfürchtig betritt man das Café, denn bei all der großen Geschichte, den edlen Stoffen und reichen Verzierungen fühlt man sich auf einmal fast ein wenig eingeschüchtert. Doch die ausgesprochen höflichen Kellner empfangen jeden Besucher dem Hause entsprechend, und schnell hat man das Gefühl, als wäre man einer der großen Literaten des vergangenen Jahrhunderts und der Kellner warte nur auf den Moment, in dem er, nach Stift und Zettel gefragt, beides eilfertig bringt. Das New York bietet auch Mittag- und Abendessen an, doch die wahre Stärke des Hauses liegt bei den Desserts.

VII. | Erzsébet körút 9–11 | Metro/Tram/Bus: Blaha Lujza tér | 01/8 86 61 11 | www.newyorkcafe.hu | tgl. 6–3 Uhr | €€€–€€€€

🔟 **One More Café** 🏴   ⚓ D 6

Für Mac-User und andere – Der Name des Cafés bezieht sich auf den bekannten Satz, den Steve Jobs bei seinen Produktvorstellungen immer gesagt hat: »One more thing«. Dabei ist es doch viel mehr als nur ein Café für Mac-User. Neben dem unkomplizierten technischen Support und den Kaffeespezialitäten macht das abgeklärte und minimalistische Design das One More Café zu einer angenehmen Adresse.

VII. | Dob utca 16 | Metro/Tram/Bus: Deák Ferenc tér | www.onemorecafe. hu | Mo–Mi 10–24, Do–Sa 10–2, So 10–20 Uhr

12 Spinoza kávéház X 0

Musik zu jeder Tageszeit – Nicht so groß wie das Central Café oder das New-York-Café ist das Kaffeehaus Spinoza. Im Gegensatz zu seinen »großen Geschwistern« geht es hier etwas lockerer zu. Das mag auch der Live-Klaviermusik an sechs Tagen (außer Sonntag) in der Woche geschuldet sein, denn während man einen der ungarischen Klassiker wie Gänsekeule oder eine hauseigene Kreation oder eines der günstigen Mittagsmenüs verspeist, wird am Klavier neben dem Eingang kräftig in die Tasten gehauen. Doch nicht nur zur Mittagszeit ist es musikalisch im Spinoza, immer Freitagabend spielt eine jüdische Klezmer-Band. Dann wird es laut in dem kleinen, urgemütlichen Lokal, aber das stört keinesfalls, denn die Stimmung ist gut und die Kellner immer aufmerksam.

VII. | Dob utca 15 | Metro/Tram/Bus: Deák Ferenc tér | Tel. 01/1 13 74 88 | www.spinozahaz.hu | Mo–So 8–23 Uhr | €€

13 Vintage Garden   D 6

Ruhige Atmosphäre – Im mit viel Liebe zum Detail eingerichteten Café glaubt man sich irgendwo zwischen Provence und Ruinenkneipe.

Hier passt kaum ein Stuhl zum anderen, dafür aber alles zum Ort selbst. Die Desserts sind ebenso herzlich-süß im Geschmack wie das Vintage Garden im Ganzen.

VII. | Dob utca 21 | Metro/Tram/Bus: Deák Ferenc tér | tgl. 11–24 Uhr

EINKAUFEN

BIER

14 Csak a jó sör D 6

Nein, ungarische Biere sind wahrlich nicht die besten im europäischen Vergleich. Und trotzdem gibt es hier eine treue Gemeinde, die Wert auf gut gebraute Hopfengetränke legt. Dies mag einerseits den vielen Zugezogenen aus dem angelsächsischen und deutschen Raum geschuldet sein, aber auch viele Ungarn wissen ein gutes Bier mittlerweile ebenso zu schätzen wie Wein. Im Geschäft »Csak a jó sör« (»Nur gutes Bier«) wird man zwar eher weniger einheimische, dafür aber umso exklusivere Biersorten finden. Hier darf aber nicht nur gekauft, sondern auch probiert und mit dem gut geschulten Personal auch gern gefachsimpelt werden.

VII. | Kertész utca 42–44 | Tram/Bus: Király utca | www.csakajosor.hu | Mo–Sa 14–21 Uhr | €€

DESIGN

15 Szimpla Design Shop   D 6

Weniger bekannt als das Ruinenpub Szimpla ist dessen sympathischer Ableger, der Szimpla Design Shop. Hier werden aus alten Möbeln und anderweitigem Klimbim neue Gegenstände geschaffen. Ebenso kreativ kann auch bezahlt werden. Denn im Szimpla Design Shop gilt nicht nur die klingende Münze als Zahlungsmittel. Hier kann auch gegen einen alten, aufzuarbeitenden Bilderrahmen oder Omas ehemaliges Sonntagskleid getauscht werden.

VII. | Síp utca 24 | Metro/Tram: Deák Ferenc tér oder Astoria | Mi, Fr 12–19, Do 13–20, Sa und So 12–16 Uhr

MÄRKTE

16 Gouba – Gozsdu Bazár   C 6

Im neuen Hotspot der Stadt, dem Gozsdu udvar, ist es am Abend voll und manchmal laut, aber immer angenehm. Während sich die Feierwütigen am Sonntag noch von den Strapazen der vergangenen Nacht erholen, können Frühaufsteher und Sonntagsspaziergänger zwischen Waren aller Art stöbern. Denn jeden Sonntag ist Gouba-Gozsdu-Basar. In insgesamt sechs Innenhöfen stellen wöchentlich mehr als 50 Kunsthandwerker, Schneider, Designer, Antiquare und Kreative aller Art ihre Waren aus. Das Besondere am Gouba ist dabei die Gewissheit, dass hier wirklich alles »made in Hungary« ist, denn hier stellen nicht große Firmen, sondern teils gar Hobbykünstler ihr Können zur Schau und ihr Angebot zum Verkauf. Damit man vor lauter Gestöber nicht hungrig bleibt, werden jede Woche verschiedene Kleinigkeiten auf dem Markt angeboten, die vor Ort den Hunger stillen. Da der Markt unter freiem Himmel stattfindet, müssen auch die Temperaturen mitspielen, was zumeist ab Mitte März der Fall ist. Ein Blick auf die Homepage gibt Klarheit darüber, ob schon »gegoubast« werden kann.

VII. | Zwischen Király utca 13 und Dob utca 16 | Metro/Tram/Bus: Deák Ferenc tér | www.gouba.hu | So 10–19 Uhr

17 Szimpla háztáji piac (Biomarkt im Szimpla)   D 6

Das Szimpla ist eigentlich dafür bekannt, die Mutter aller »Ruin Pubs« zu sein. Doch dass sich hinter der international bekannten Kneipe ein sozialkulturelles Projekt verbirgt, ist nur wenigen klar. Denn wenn die letzten Vergnügungswütigen am Sonntag in den frühen Morgenstunden die Kneipe endlich verlassen, wird schnell Ordnung gemacht, bevor die ersten Händler des Bauernmarkts erscheinen. Selbst wer sich nicht mit Lebensmitteln aus kontrolliert biologischem Anbau eindecken möchte, geht nicht umsonst ins Szimpla. Denn immer sonntags wird gemeinsam gekocht aus Zutaten, die auch zum Verkauf stehen. Und während man zwischen all den Düften und Geschmäcken bei leiser Musik und einem fast babylonischen Sprachengewirr im Hintergrund sein Mittagessen verspeist, hat man die Möglichkeit, sich das Szimpla einmal ganz in Ruhe anzusehen.

VII. | Kazinczy utca 7 | Metro/Tram/Bus: Astoria | Tel. 2 05 40 48 91 | www.szimpla.hu | So 9–14 Uhr | €

MODE

18 Romani Design   D 6

Mode ist eine internationale Sprache, und Erika Varga spricht diese perfekt. Für die Designerin mit Roma-Wurzeln ist ihr Modelabel jedoch mittlerweile mehr als nur eine Bekleidungsmarke. Mit ihren Entwürfen, die vielfach Muster, Schnitte und traditionelle Kleidung von Zigeunern widerspiegeln, will sie Vorurteile gegenüber der Minderheit der Roma abbauen. Mehr noch, sie entwirft bewusst und erklärt ihre

Sobald das Wetter im Frühjahr mitspielt, findet jeden Sonntag der Gouba-Gouzsdu Bazár (▶ S. 128) statt. Hier stellen Kleinkünstler unter freiem Himmel ihre Waren zum Verkauf aus.

Entwürfe, auch im Rahmen von Modenschauen, um so den Grund aller Vorurteile, nämlich Unwissenheit, zu bekämpfen. Doch bei Romani Design gibt es nicht nur Damenmode, auch für Herren entwirft Erika Varga immer wieder. Daneben umfasst ihre Kollektion auch Schmuck und andere Accessoires. Bei vorheriger Anmeldung sind Führungen und Gespräche rund um das Thema Roma in Ungarn möglich.
VII. | Erzsébet körút 26 (4. Stock, Klingel 46) | Tram: Wesselényi utca | Tel. 0 30/2 58 97 74 | www.romanidesign. hu | Mo–Fr 12–19 Uhr

Wollen Sie's wagen?

Mut und ein kühler Kopf sind die besten Voraussetzungen für eine Teilnahme an dem ungewöhnlichen Spiel Claustrophilia. Dabei müssen Rätsel gelöst und Geschicklichkeit bewiesen werden, denn nur so gelangt man an den Code, der die Tür zur Freiheit öffnet.
VII. | Dohány utca 57 | Metro/Tram/Bus: Blaha Lujza tér | www.claustro philia.hu | ab 10 000 Ft pro Team

NICHT ZU VERGESSEN!

Rund um das Stadtzentrum von Budapest sind weitere sehenswerte Orte angesiedelt, deren Besuch man nicht versäumen sollte. Dazu zählen die Margaretheninsel genauso wie die Ausgrabungsstätte Aquincum oder der beliebte Flohmarkt am Ecseri út.

Obwohl Budapest vor allem für sein Stadtzentrum bekannt ist, sollten keinesfalls Bezirke außerhalb außer Acht gelassen werden. Hier ist es oft weit weniger touristisch, dafür aber nicht weniger interessant. Weit ab vom Stadtkern beispielsweise sind Überreste aus der Zeit der Römer zu finden, die zumindest eine Idee davon geben, wie die Stadt vor Hunderten von Jahren ausgesehen haben mag. Aber man muss gar nicht bis in die römische Antike zurückgehen. Nach dem Ende der Türkenherrschaft erblühte die noch selbstständige Stadt Óbuda, und bis heute erinnern die barocken Gebäude und die engen, gewundenen Gassen im Bezirk an diese Zeit. Rund um den pulsierenden Stadtkern gibt es also viel zu entdecken, die Möglichkeiten sind hier ebenso vielfältig wie im Herzen der Donaumetropole. Der mitunter etwas weitere Anfahrtsweg zu den Sehenswürdigkeiten lohnt sich jedoch immer.

◄ Beliebter Ort für ein Picknick: die Margaretheninsel (▶ MERIAN TopTen, S. 133).

SEHENSWERTES

Aquincumi Múzeum   ⚓ nördl. B 1

Zahlreiche historische Funde zu beiden Seiten der Donau beweisen, schon die Römer bauten am Fuße der Budaer Berge. Die größte zusammenhängende Ausgrabung befindet sich im III. Bezirk, in der zwei dauerhafte Ausstellungen Funde von eben da präsentieren. Wer sich für die Geschichte der Stadt, aber auch ganz Ungarns interessiert, dem werden die Artefakte im Aquincum-Museum neue Erkenntnisse liefern. Denn hier wird der geschichtliche Bogen zwischen Römischem Reich und ungarischer Landnahme gegen Ende des 9. Jh. durch die Exponate gespannt. Doch die wohl spannendsten Teile des Museums sind die jahrtausendealten Mauern, Häuser und Wege. Diese können jedoch ausschließlich im Rahmen einer Führung besichtigt werden. Schon auf dem Weg zum Museum kann es durchaus lohnend sein, die Augen offen zu halten, gibt es doch unterwegs immer wieder Zeugnisse längst vergangener Zeiten zu bewundern, teils unter einer mehrspurigen Straßenunterführung, teils als Park angelegt zwischen Wohnhäusern.

III. | Szentendrei út 135 | HÉV: Kaszásdűlő | www.aquincum.hu | 15.–30. April, 1.–31. Okt. Di–So Ausgrabungen 9–18, Ausstellungen 10–17 Uhr, 1. Mai–30. Sept. Di–So Ausgrabungen 9–18, Ausstellung 10–18 Uhr, 1. Nov.–

14. April Di–So Ausstellung 10–16 Uhr | Eintritt 1000 Ft, erm. 500 Ft, Foto- und Filmerlaubnis je 600 Ft

Draußen im Grünen   6

Der Római part im III. Bezirk ist zwar etwas außerhalb gelegen, dafür gibt es an der Uferpromenade klassische ungarische Leckereien zu probieren, oder man ergattert einen Platz in einem der Liegestühle am Kieselstrand (▶ S. 14).

Bauhaus in Budapest   ⚓ westl. A 3

Man muss es kennen, um es zu finden, aber tatsächlich gibt es auch in der ungarischen Hauptstadt Elemente des Bauhaus. Ein Straßenzug mit einer Handvoll Häusern beweist, dass auch nach der Jahrhundertwende architektonische Strömungen Eingang in das Budapester Stadtbild fanden. Die Gebäude stammen alle aus dem Jahr 1933, jedoch von unterschiedlichen Architekten. Das Pilotprojekt war im Anschluss an den internationalen Architektenkongress in Budapest gestartet worden. Schon während der Bauphase stießen die Architekten auf rigorose Vorschriften der Baubehörde, und so ist es nicht verwunderlich, dass sich der Stil in Budapest nicht durchsetzen konnte. Die Häuser der Napraforgó utca hingegen sind Glanzstücke des Bauhaus-Stils, der es bedauerlicherweise nicht bis in die Innenstadt geschafft hat.

II. | Napraforgó utca | Tram: Nagyhíd

Gül baba türbéje (Die Türbe des Gül Baba) B 4

Bis heute ranken sich viele Volksmärchen und Sagen um die 150 Jahre währende türkische Besatzung. Im ungarischen kollektiven Gedächtnis scheint vor allem die Unterwerfung unter die Osmanen haften geblieben zu sein. Dabei zeugt eine Grabstätte im II. Bezirk bis heute davon, dass es auch andere Aspekte dieser Epoche gab. Bis heute finden sich in zahlreichen Bauten und selbst in der ungarischen Sprache unzählige aus dem Türkischen entlehnte Wörter. Das Grabmal auf dem Rosenhügel wurde zu Ehren Derwisch Caners errichtet. Derwisch Caner kam 1541 das erste Mal nach Ungarn mit dem Auftrag zu missionieren, wurde später zum Poeten und inspirierte den Komponisten Jenő Húszka zur Oper »Gül Baba«. Die Legende besagt, dass er stets eine Rose an seinem Turban trug, was ihm seinen Spitznamen »Gül Baba« (Vater der Rose) einbrachte. Seine Grabstätte, die auch von innen besichtigt werden kann, prägte den Namen des eleganten Wohnviertels, des Rosenhügels. Die Gül baba türbéje ist die nördlichste Pilgerstätte des Islam und wird bis heute vom türkischen Staat instand gehalten.

II. | Mecset utca 14 | HÉV/Tram: Margit híd Budai hídő

Höhlentouren A 2

Ungarns längstes zusammenhängendes Höhlensystem befindet sich in Budapest, vielmehr oberhalb Budapests im II. Bezirk. Über insgesamt 29 km Länge erstreckt sich die Pál-völgyi-Tropfsteinhöhle, 500 m davon sind für Touristen zugänglich. Obwohl die Pál-völgyi-Tropfsteinhöhle für ihre namensgebenden Tropfsteine bekannt ist, sind es vor allem die hohen schluchtartigen Gänge, die ihr Gesicht prägen. Nur wenige Hundert Meter entfernt und ebenfalls für Besucher ausgebaut ist die Szemlő-hegyi-Höhle. Derzeit sind hier 2200 m erschlossen, für die Tour ausgebaut sind etwa 250 m. Durch die saubere und absolut staubfreie Luft wird der Szemlő-hegyi-Höhle eine wohltuende Wirkung für Lungenpatienten nachgesagt. In beiden Höhlen ist es das ganze Jahr über konstant kühl (10 bzw. 12 °C), auch im Sommer ist daher warme Kleidung empfohlen. Die Zugänge und Wege innerhalb der Höhlen sind gut ausgebaut und können selbst mit Rollstühlen bequem benutzt werden. Nach der Tour kann man die Eindrücke bei einem »Fröccs« (Weißweinschorle) oder einem »Szörp« in der urigen Kneipe vor Ort auf sich wirken lassen.

II. | Szépvölgyi út 162 | Tel. 0 20/4 54 97 56 | www.palvolgy.atw.hu | Eintritt ab 1150 Ft, erm. 900 Ft
– Pál-völgyi Tropfsteinhöhle: 1. Juni– 31. Aug. Di–So 10–17, 1. Sept.–31. Mai Di–So 10–16.15 Uhr | Touren finden stdl. statt
– Szemlő-hegyi Höhle: Mi–Mo 10– 16 Uhr | Touren finden stdl. statt

Drinnen im Grünen

Budapest grüne Lunge ist die Margaretheninsel, und bei gutem Wetter lohnt sich ein kleines Picknick hier, wogegen der kleine, oft unbeachtete Japanische Garten auf der Insel zum Lustwandeln einlädt (▶ S. 14).

Die abgebildeten Kacheln schmücken einen Brunnen, der sich auf dem zum Grabmal des Gül Baba (▶ S. 132) gehörigen Gelände, dem sogenannten Rosenhügel, befindet.

Margitsziget (Margarethen-insel) 9 B 4–C 2

Eine autofreie Insel mitten in der Stadt, die Margaretheninsel, ist das grüne Herz Budapests. Von den Einheimischen als Naherholungsgebiet geschätzt, gibt es auf der Insel mannigfaltige Möglichkeiten, den Alltag zu vergessen. Die kleinen Treträder, die es an verschiedenen Stellen zu mieten gibt, sehen nicht nur witzig aus, sondern sind auch bestens geeignet, kreuz und quer über die Insel zu fahren und sich den sonnigsten (oder schattigsten) Platz für eine kleine Pause zu suchen.

Wer es lieber bequem mag, kann sich entweder ein kleines Golfcab mieten oder an der Rundfahrt über die Insel im offenen Minibus teilnehmen. Denn obwohl die Insel heute nur noch als Park genutzt wird, ist ihre Geschichte – und vor allem die ihrer Namensgeberin – äußerst interessant. Getränkestände und auch öffentliche Toiletten sind über die Margitsziget verteilt, sodass auch einem ausgiebigen Picknick nichts im Wege steht. Auf der Margitsziget befindet sich auch das größte Freibad der Stadt, das Palatinus. Gerade an heißen Sommertagen ist das gepflegte Freibad mit sechs Becken die beste Wahl. Dazu noch ein Hinweis: Während der Sommerferien kann es hier enorm laut und voll werden.

XIII. | Margitsziget | Tram: Margitsziget | www.palatinusstrand.hu | tgl. 9–19 Uhr | Eintritt 2500 Ft, erm. 1900 Ft

---

Wohltuende Klänge

Der Musikbrunnen auf der Margareteninsel bietet die etwas ungewöhnliche Mischung aus Rockklassikern und Vivaldi, am Abend mit Lichtshow (▶ S. 15).

Memento-Park   südl. A 1

Es gibt Bilder, die gehen nicht nur um die Welt, sondern auch in die Geschichte ein. So der Sturz unzähliger Stalin-Figuren nach dem Fall der Mauer. In den meisten ehemaligen Ostblockstaaten wurden die Figuren nach ihrer Demontage entweder eingeschmolzen und anderweitig neu verarbeitet oder an unbekannte Orte verbracht. In Ungarn stattdessen wurde aus den Symbolen der einstigen Machthaber ein Skulpturenpark geschaffen. 42 überlebensgroße Statuen sind hier ausgestellt, darunter mehrfach Lenin, Marx und Engels. Stalin sucht man vergeblich, nur seine Stiefel sind ausgestellt, da die einzige Stalin-Statue während des Aufstands von 1956 gestürzt wurde. In solch einer Freiluftausstellung darf natürlich auch ein Trabant 601 nicht fehlen. Dieser ist zwar nicht mehr funktionstüchtig, aber hineinsetzen sollte man sich trotzdem, entweder aus Nostalgie oder aus Neugier.

Ein beliebtes Fotomotiv sind die riesigen Skulpturen einstiger Machthaber, die im Memento-Park (▶ S. 134) aufgestellt sind, denn neben ihnen wirken die Besucher winzig klein.

XXII. | Balatoni út/Szabadkai utca |
Bus: Memento Park | www.memento
park.hu | tgl. 10 Uhr bis Sonnenunter-
gang | Eintritt 1500 Ft, erm. 1000 Ft

MUSEEN UND GALERIEN

MUSEEN

Bajor Gizi Szinészmúzeum
(Gizi Bajor-Schauspielermuseum)
▶ S. 137

Kiscelli Múzeum (Museum Klein-
zell) ▶ S. 138

Múcsarnok (Kunsthalle) ▶ S. 140

Vasarely Múzeum ▶ S. 143

ESSEN UND TRINKEN

Donut Library ⚓ C 4

Bei Einheimischen beliebt – Worin
genau das Erfolgsgeheimnis der jüngst
eröffneten Donut Library besteht,
weiß niemand so genau, sicher ist aber,
dass man sich bei einem leckeren Krap-
fen und einem guten Buch fast ein bisschen wie in New York fühlt.

XIII. | Pozsonyi út 22 | Tram/Fähre: Jás-
zai Mari tér | Mo–Sa 10–20, So 12–20 Uhr

Hepi Vedör ⚓ B 3

Glückliche Gäste – Was der Name
»Hepi Vedör« (»Glückliches Wetter«)
eigentlich bedeutet, ist nicht ganz klar,
klar ist jedoch, was sich das neue Café
zum Ziel gesetzt hat: ein Höchstmaß an
Glücksgefühl für seine Gäste. Das kleine Schmuckstück ist nicht nur freundlich gestaltet, sondern auch die Speisekarte macht fröhlich. Dabei hat sich
das Café auf biologisch nachhaltig hergestellte Waren spezialisiert und verarbeitet diese in seinen Snacks.

III. | Evező utca 7 | Bus: Kolosy tér |
www.hepivedor.hu | Mo–Fr 8–21, Sa
12–21 Uhr | €

EINKAUFEN

Ecseri úti bolhapiac (Flohmarkt
am Ecseri út) ⚓ südl. F 10

Skurriles, Besonderes, Altes, Interessantes – all das findet man auf Budapests größtem Flohmarkt. Schon so
mancher Schatz, der letztlich bei einem
Sammler in der Vitrine landete, wurde
von Antiquitätenhändlern auf dem
Flohmarkt am Ecseri út entdeckt. Wie
auf allen Flohmärkten der Welt gilt es
auch hier, zu feilschen, was das Zeug
hält. Besonders am Samstagmorgen ist
der Markt gut besucht, und viele Verkäufer nehmen den Weg an die Stadtgrenze Budapests auf sich. Dabei bietet
der Markt ohne Übertreibung alles,
was das Sammler- oder Sucherherz begehrt. Möbel, Kleidung, Kunst, Kitsch
in rauen Mengen und großer Vielfalt.
Ein wahres Eldorado für Schatzsucher.
Auch vor einem plötzlichen Wetterum-
schwung braucht man sich nicht zu
fürchten, denn selbst wenn es doch
plötzlich anfängt zu regnen – der
Ecseri úti bolhapiac ist zum größten
Teil überdacht. Aber Achtung, im Gedränge zwischen den Ständen treiben
vermehrt Taschendiebe ihr Unwesen.

XIX. | Nagykőrösi út 156 | Bus:
Használtcikk piac

Seilbahn für Mutige

Auf der Fahrt mit der Seilbahn auf
den János-Berg können natürliche
Felsformationen wie der Szószék-
Felsen bestaunt werden. Und auf
dem Weg hinab verändert sich das
Bild Budapests von Augenblick zu
Augenblick, während man langsam
hinabfährt (▶ S. 15).

MUSEEN UND GALERIEN

Interessante Museen, Sammlungen und private Galerien sind in Budapest in großer Anzahl zu finden. Sie widmen sich dem Gedenken an den Holocaust genauso wie fernöstlichen Künsten oder dem zeitgenössischen Geschehen und bieten jungen Künstlern eine Chance.

»Es genügt nicht, Talent zu haben, man muss außerdem Ungar sein«, so witzelte bereits der ungarische Fotograf Robert Capa (1913–1954). Tatsächlich hat das Magyarenland talentierte Künstler in Hülle und Fülle hervorgebracht. Auch wenn viele von ihnen früh ins Erfolg verheißende Ausland verzogen sind (u. a. Robert Capa selbst oder der Op-Art-Künstler Viktor Vasarely), so haben die Ungarn – und insbesondere die Budapester – zumindest eine große Auswahl an Ausstellungsräumen, die den Verlust wieder wettmachen. Insgesamt 223 Museen und Galerien finden sich heute in der ungarischen Hauptstadt. Viele von ihnen sind in beeindruckenden Bauwerken beheimatet, andere glänzen durch exzellente ungarische und internationale Ausstellungen. Und auch die junge Kunst erblüht in verlassenen Fabrikgeländen und an den Wänden der Ruinenkneipen.

◄ Ein Portikus ziert das im klassizistischen
Stil errichtete Nationalmuseum (► S. 140).

In den urbansten Vierteln der Budapester Innenstadt finden sich unzählige Museen und Galerien. Am dichtesten drängen sich die Ausstellungs-
räume jedoch in Józsefváros (Josephstadt) und Ferencváros (Franz-
stadt) – zwei sonst eher stiefmütterlich behandelte Bezirke. Angefangen
beim Ungarischen Nationalmuseum mit seiner umfassenden historischen Sammlung bis hin zum modernen Ludwig-Museum, das zeitgenössische Kunstausstellungen präsentiert, finden sich hier spannende Kunst-
schätze. Hinweis: Das Museum der Schönen Künste ist ab Februar 2015
voraussichtlich für zwei Jahre wegen Renovierungsarbeiten geschlossen.
In den meisten Museen und Galerien erhalten Schüler, Studenten und
Rentner großzügige Vergünstigungen. Seit 2003 veranstaltet das für Bil-
dung und Kultur zuständige ungarische Ministerium für Humanres-
sourcen außerdem eine »Lange Nacht der Museen«, die landesweit im
Juni stattfindet. Am entsprechenden Veranstaltungstag können mit einer
Eintrittskarte alle zugehörigen Ausstellungen und Programme besucht
werden.

MUSEEN

Bajor Gizi Szinészmúzeum (Gizi-Ba-jor-Schauspielermuseum) 🚻 westl. A 6

Ungarn ist traditionell ein Land der
Filmemacher und Schauspieler: Zwei
der »Großen Fünf«, der im 20. Jh.
erfolgreichsten Produktionsfirmen in
Hollywood wurden von Ungarn mit-
begründet. Ungarischstämmige Schauspieler wie Béla Lugosi (»Dracula«),
Zsa Zsa Gabor (»Moulin Rouge«) und
Tony Curtis (»Manche mögen's heiß«)
sind weltberühmt. Das nach der mit
dem wichtigen ungarischen Kossuth-
Preis ausgezeichneten, großen ungarischen Schauspielerin Gizi Bajor
benannte Schauspielermuseum befindet sich in ihrer ehemaligen pitto-
resken Budaer Villa und wartet mit
einer Dauerausstellung und regelmä-

ßigen temporären Ausstellungen auf.
Das kleine Museum mit dem schönen
Garten ist besonders bei schönem Wet-
ter einen Ausflug wert.

XII. | Stromfeld Aurél utca 16 | Bus:
Némétvölgyi út | http://szinhazi
muzeum.hu | Mi–So 14–18 Uhr | Eintritt
Dauerausstellung 800 Ft, erm. 400 Ft

Holokauszt Emlékközpont (Holocaust Gedenkstätte) 🚻 E 8

Ungarns jüdische Gemeinde gilt heute
zwar wieder als die größte Europas,
doch bis heute gehören ihr nicht so
viele Menschen an wie vor dem Zweiten Weltkrieg. So fand auch die Synagoge in der Páva utca nicht genug
Gläubige und wurde 1982 gar geschlossen. Fast ein Vierteljahrhundert später
wurden im modern renovierten Got-

teshaus das Dokumentationszentrum und die Gedenkstätte eingerichtet. Neben einer ständigen Ausstellung gibt es auch immer wieder zeitlich begrenzte Wechselausstellungen. Berührungsängste sind in der Gedächtnisstätte fehl am Platz, vielmehr geht es hier darum, durch aktive Teilnahme die Besucher zu informieren. Doch nicht nur im Inneren regt das Zentrum zum Nachdenken an. Schon von außen wirken die Mauern unstet, unruhig, aber doch unverrückbar. Beeindruckende Architektur mit beeindruckendem Inhalt.

IX. | Páva utca 39 | Metro/Tram: Corvinnegyed oder Tram: Bokréta utca | Tel. 01/45 53 33 33 | www.hdke.hu | Ausstellung Di–So 10–18, Sammlung Di–Do 9–14 Uhr (nur nach vorheriger Anmeldung unter Tel. 01/14 55 33 97) | Eintritt 1400 Ft, erm. 700 Ft

Hopp Ferenc Kelet-Ázsiai Művészeti Múzeum (Ferenc-Hopp-Museum der fernöstlichen Künste) E 5

Das »Hoppmúzeum«, oder unter vollem Namen Hopp Ferenc Kelet-Ázsiai Művészeti Múzeum verfügt derzeit über mehr als 20 000 Exponate, vorrangig aus Japan und China. Doch auch Kunstwerke aus Indien, Korea, Vietnam, Indonesien und aus islamischen Gebieten werden im Prachtbau in der Andrássy út ausgestellt. Der Namensgeber Ferenc Hopp lebte Mitte der 1830er-Jahre und war begeisterter Geograf und Kunstsammler. Seiner Leidenschaft ist der Grundstock der heute beträchtlichen Sammlung zu verdanken, die Gründung des Museums war sein Letzter Wille, als er im Haus, in dem heute die Exponate ausgestellt werden, verstarb. Heute

arbeiten sowohl das Szépművészeti Múzeum als auch das Iparművészeti gemeinsam mit dem Hoppmúzeum daran, die Sammlung der privat gegründeten Ausstellung zu vergrößern und zu pflegen.

VI. | Andrássy út 103 | Metro: Kodály körönd | www.hoppmuzeum.hu | Mi–So 10–18 Uhr | Eintritt 1000 Ft, Kinder 500 Ft

Iparművészeti Múzeum (Kunstgewerbemuseum) D 8

Wer ungarischen Jugendstil hautnah erleben möchte, dem sei zu einem Besuch des Kunstgewerbemuseums geraten. Kaum zu glauben, dass man das Gebäude nach seiner Fertigstellung Ende des 19. Jh. als kitschig einstufte, ist es doch heute eines der architektonischen Schmuckstücke Budapests. Schon von Weitem ist das Dach des Museums zu erkennen, das mit Ziegeln der ungarischen Porzellanmanufaktur Zsolnay bedeckt ist, die farblich zwischen Flaschengrün und Türkis changieren. Im Inneren des Museums verhilft dagegen ein warmes Weiß, die Eindrücke der oft farbenfrohen Ausstellungen zu verarbeiten. Gezeigt werden allerhand historische und zeitgenössische Exponate von Textilien über Keramik bis hin zu Illustrationen.

IX. | Üllői út 33-37 | Metro: Corvinnegyed | www.imm.hu | Di–So 10–18 Uhr | Eintritt 2000 Ft, erm. 1000 Ft

Kiscelli Múzeum (Museum Kleinzell) westl. A 2

Theoretisch unweit der belebten Margarethenbrücke gelegen, befindet sich das Kiscelli Múzeum praktisch hochoben in der Kiscelli utca in einem baro-

Beeindruckende Raumwirkung: Viel Platz für Wechselausstellungen zeitgenössischer Kunst bietet die zum Kiscelli Múzeum (▶ S. 38) gehörige Kirchenruine aus gotischer Zeit.

cken, ehemaligen Trinitarierkloster aus dem 18. Jh. Die Dauerausstellung zeigt Interessantes wie Pester Ladenschilder, Druckpressen und barocke Skulpturen. Eher lohnt es sich, die aktuellen Ausstellungen zu besuchen. Mit etwas Glück stellt mal wieder ein junger ungarischer Künstler in der gotischen Kirchenruine aus. Darüber hinaus zeigt die Sammlung im ersten Stock beeindruckende Beispiele ungarischer Kunst ab dem späten 19. Jh.

III. | Kiscelli utca 108 | Tram: Margit Kórház | www.kiscellimuzeum.hu | April–Okt. Di–So 10–18, Nov.–März Di–So 10–16 Uhr | Eintritt 1000 Ft, erm. 500 Ft

Kogárt Ház (Kogart-Haus) 🔖 E 4–5

Auf der edlen Flaniermeile Andrássy út zwischen Oktogon und Hősök tere gelegen, hat das Kogart Haus gleich mehrere Funktionen: Die Kovács-Gábor-Kunststiftung veranstaltet moderne und zeitgenössische Kunstausstellungen, die Kogart-Galerie kümmert sich um den Handel ausgestellter Kunstwerke und um Kunsterziehung, und der Kogart Freundeskreis unternimmt Kulturveranstaltungen. Zu verdanken ist diese breit gefächerte Arbeit dem Bankier Gábor Kovács, der das Kogart-Haus 2004 eröffnete. Seitdem ist es das Ziel des Kogart, Kunst aus Ungarn zu fördern und sie gleichzeitig interessierten Käufern und Kunstsammlern näherzubringen. Von international anerkannten ungarischen Künstlern wie Tibor Csernus, Lajos Szalay und Béla Kondor bis hin zu jungen No-Name-Künstlern erhalten im Kogart alle eine Chance, die hochwertig arbeiten. Im Erdgeschoss des ansehnlichen Gebäudes befindet sich außerdem ein Restaurant, das zwar eher in der höheren Preiskategorie angesiedelt ist, doch auch echte Gaumenfreuden bietet.

VI. | Andrássy út 112 | Metro: Bajza utca | www.kogart.hu | Mo–Fr 10–18 Uhr | Eintritt 1.500 Ft, Kinder 750 Ft

Ludwig Múzeum – Kortárs Művészeti Múzeum (Ludwig-Museum für zeitgenössische Kunst)　D 9

Nicht umsonst klingt das Ludwig Museum ungewöhnlich deutsch: Irene und Peter Ludwig spendeten 1989 dem ungarischen Staat insgesamt 70 Kunstwerke, um die Initialzündung für die Gründung eines zeitgenössischen Museums zu geben. Trotz intensiver Bemühungen der deutschen Ludwig-Stiftung sollte es noch bis 1995 dauern, bis das Ludwig-Museum autonom funktionieren durfte. Weitere zehn Jahre später zog das Museum in den auf die Donau blickenden Flügel des Kunstpalasts (Művészetek Palotája). Heute füllt es drei helle, luftige Etagen mit internationaler und heimischer Kunst und beweist dabei einen guten Blick für relevante Kunstformen.

IX. | Komor Marcell utca 1 | HÉV: Lágymányosi híd | www.ludwigmuseum.hu | Di 10–20, Mi–So 10–18 Uhr | Eintritt 1900 Ft, erm. 950 Ft

Magyar Nemzeti Galéria (Ungarische Nationalgalerie) und Budapesti Történeti Múzeum (Budapester Geschichtsmuseum)　B 6

Im Burgpalast sind die Nationalgalerie, das Historische Museum und die Széchenyi-Nationalbibliothek untergebracht. Erstere stellt die größte Samm-

lung ungarischer Kunst im ganzen Land dar und umfasst Werke vom Mittelalter bis zum 20. Jh. Im E-Flügel widmet sich das Geschichtsmuseum dann auf vier Etagen der bewegten Budapester Geschichte.

I. | Szent György tér 2 | Bus: Dísz tér | www.mng.hu | Di–So 10–18 Uhr | Eintritt Dauerausstellung 1400 Ft, erm. 700 Ft

Magyar Nemzeti Múzeum (Ungarisches Nationalmuseum)　D 7

In dem vom angesehenen Architekten Mihály Pollack entworfenen neoklassizistischen Gebäude warten vier ausgedehnte Etagen darauf, vom Besucher unter die Lupe genommen zu werden. Die Sammlung beinhaltet für Ungarn wichtige historische und kulturelle Fundstücke vom Römischen Reich bis 1990. Mit temporären zeitgenössischen Kunstausstellungen im ersten Stock oder Off-Topic-Veranstaltungen wie dem Weihnachtsmarkt im Museumsgarten oder dem Majális (Mai-Picknick) wird versucht, eine breitere Schicht anzusprechen. Die meisten interessieren sich dennoch – zu Recht – für antike Objekte wie den Krönungsmantel von Szent István, dem Begründer des Königreichs Ungarn.

VIII. | Múzeum körút 14–16 | Metro: Astoria | www.hnm.hu | Di–So 10–18 Uhr | Eintritt Dauerausstellung 1100 Ft, erm. 550 Ft

Műcsarnok (Kunsthalle) 10　E 4

Gegenüber dem Museum der Schönen Künste am imposanten Heldenplatz gelegen, verhält sich die Kunsthalle wie die jüngere, freche Schwester des altehrwürdigen Museums – obwohl das Gebäude tatsächlich zehn Jahre älter ist. Ob Videokunst, Installation oder zeitgenössische Malerei aus Taiwan: Die Kunsthalle zeigt in ihrem Innern die aktuellen Kunsttrends aus Ungarn und der Welt. Ab Februar 2015 sind hier zudem die 50 bedeutendsten Exponate des Museums der Schönen Künste ausgestellt.

XIV. | Dózsa György út 37 | Metro: Hősök tere | www.mucsarnok.hu | Di–So 10–18, Do 12–20 Uhr | Eintritt 1800 Ft, erm. 900 Ft

Néprajzi Múzeum (Ethno-grafisches Museum)   C 5

Wer vor oder nach dem Parlaments-besuch noch etwas Zeit mitbringt, für den bietet sich ein Besuch des gegen-über dem Parlament gelegenen Ethno-grafischen Museums an. Über 200 000 ethnografische Artefakte, historische

Fotografien, Manuskripte und Volks-musik-Aufnahmen stellen die Reich-haltigkeit der ungarischen Kultur vor. Doch auch allein das Gebäude ist einen Besuch wert: Das Néprajzi Múzeum befindet sich im früheren Justizpalast und ist ganz im Stil des Neoklassizis-mus gehalten.

V. | Kossuth Lajos tér 12 | Metro: Kos-suth Lajos tér | www.neprajz.hu | Di–So 10–18 Uhr | Eintritt 1400 Ft, erm. 700 Ft

Örökmozgó Filmmúzeum (Örökmozgó Filmmuseum)   D 6

Im Örökmozgó werden seit 1991 Filme gezeigt, die es entweder nicht auf die großen Leinwände geschafft oder die wegen ihrer Thematik auch nie da-für gedacht waren. In familiärer Atmo-sphäre werden hier Werke einem in-teressierten und kritischen Publikum

Repräsentativer Ausstellungsbau für zeitgenössische Kunst: Die Kunsthalle (▶ S. 140) am Heldenplatz bildet das Pendant zum gegenüberliegenden Museum der Bildenden Künste.

Zu Lebzeiten des ungarischen Arztes Ignaz Semmelweis wurden Hygienevorschriften noch als Unfug abgetan: Medizingeschichtliches Museum (▶ S. 143) in Semmelweis' Geburtshaus.

präsentiert. Dabei bietet das Örökmozgó stets eine gelungene Auswahl zwischen nationalen Untergrund-Produktionen und internationalen Erfolgen des Kunstkinos.

VII. | Erzsébet körút 39 | Tram: Király utca | www.filmarchive.hu/orokmozgo/program/index.php | Eintritt 990 Ft, erm. 742,50 Ft und 495 Ft

Országos Színháztörténeti Múzeum és Intézet (Ungarisches Theatermuseum und -institut) 🚲 A 6

Knapp 2 km vom Schauspielermuseum entfernt, im Áldásy-Palast, befindet sich die große Schwester, das Theatermuseum und -institut. Der klassizistische Bau beherbergte seinerzeit den schottischen Architekten und Ingenieur Adam Clark – heute ist hier eine umfassende Sammlung verschiedener theatraler Requisiten zu finden.

I. | Krisztina körút 57 | Tram: Mikó utca | http://szinhaziintezet.hu | Mo, Mi 9–16, Fr 9–14 Uhr | Eintritt 800 Ft, erm. 400 Ft

Petőfi Irodalmi Múzeum (Literaturmuseum Petőfi) 🚲 C 7

Benannt nach Ungarns wohl wichtigstem literarischem Vertreter, Sándor

Petőfi, dem im Freiheitskampf 1848/49 jung verstorbenen Dichter, zeigt das am schmucken Egyetem tér gelegene Museum neben Exponaten von Petőfi selbst und Kollege und Romanautor Mór Jókai auch einige interessante Gemälde, Grafiken und Fotografien. Regelmäßig stattfindende Veranstaltungen und Gesprächsabende, beispielsweise vom Österreichischen Kulturforum, bieten ebenfalls einen guten Anlass, den Károlyi-Palast von innen zu besichtigen, in dem das Museum beheimatet ist.

V. | Károlyi Mihály utca 16 | Metro/ Tram: Kálvin tér | www.pim.hu | Di–So 10–18 Uhr | Eintritt 480 Ft, erm. 240 Ft

Semmelweis Orvostörténeti Múzeum, Könyvtár és Levéltár (Medizingeschichtliches Museum, Bibliothek und Archiv Semmelweis) B7

Aus der ganzen Welt kommen zukünftige Ärzte an die Semmelweis-Universität, um Medizin zu studieren. Die Thesen des ungarischen Arztes Ignaz Semmelweis zum Zusammenhang von Hygiene und Kindbettfieber waren zu seiner Zeit, Mitte des 19. Jh., noch »wilde Spekulationen« – heute gehören die von ihm geforderten Hygienevorschriften längst zum Krankenhausalltag. Das Museum befindet sich in Semmelweis' Geburtshaus und zeigt neben seinem ehemaligen Arbeitszimmer und allerhand medizinischen Utensilien besonders interessante anatomische Wachsmodelle aus dem 18. Jh.

I. | Apród utca 1–3 | Bus- und Tramstation Döbrentei tér | www.semmelweis.museum.hu | März–Nov. Di–So 10–18, Dez.–Feb. Di–Fr 10–16, Sa und So 10–18 Uhr | Eintritt 700 Ft, erm. 350 Ft

Terror Háza (Haus des Terrors) D5

Der Name des Hauses weist auf die grauenhafte Geschichte des Gebäudes hin: Mit Beginn des Ersten Weltkriegs mieteten die Pfeilkreuzler, die ungarischen Nationalsozialisten, das Haus und verwandelten es in ihren Hauptsitz. Im Keller verhörten, folterten und ermordeten sie Regimegegner und Juden. Nach dem Krieg tat es ihnen die ungarische Staatssicherheit gleich und setzte somit den Terror unter dem roten Stern fort. 2002, während der ersten Amtszeit von Ministerpräsident Viktor Orbán, öffnete das Museum seine Pforten und gilt seitdem als historische Gedenkstätte der beiden Diktaturen. Dem als regierungsnah geltenden Terror Háza wird von Kritikern eine Unausgewogenheit der Darstellung der nationalsozialistischen und der kommunistischen Diktatur vorgeworfen, andere wiederum loben die eindrückliche, teils hochkreative multimediale Ausstellung. Einen Besuch lohnt das Haus des Terrors allemal – den des Ungarischen nicht mächtigen Besuchern sei jedoch zu einem deutschen Audioguide (1300 Ft) geraten.

VI. | Andrássy út 60 | Metro: Vörösmarty utca | http://terrorhaza.hu | Di–So 10–18 Uhr | Eintritt 2000 Ft, erm. 1000 Ft

Vasarely Múzeum C1

In puncto zeitgenössische Kunst ist Victor Vasarely der ganze Stolz der Ungarn. Der Maler war ein bedeutender Vertreter der Op-Art, wurde 1906 in Südungarn geboren und starb 1997 in Paris, wo er zeit seines Lebens wohnte und arbeitete. Die Sammlung des zum Museum der Schönen Künste gehörenden Vasarely-Museums spendete der Künstler Anfang der 1980er-Jahre selbst dem ungarischen Staat. Die gezeigten Werke der Dauerausstellung sind von Vasarely handverlesen und werden in einem Flügel des barocken Schloss Zichy ausgestellt.

III. | Szentlélek tér 6 | HÉV-Station Szentlélek tér | www.vasarely.hu | Di–So 10–17.30 Uhr | Eintritt 800 Ft, erm. 400 Ft

Zwack Múzeum (Zwack-Museum)
D 9

Der Unicum von Zwack ist ein echtes Hungaricum. Der Magenbitter ist fast so beliebt wie Pálinka und mindestens ebenso bekannt. Dass hinter dem Getränk eine Familiengeschichte steht, die eng mit der Ungarns verbunden ist, ist ebenso überraschend wie interessant. Eben deswegen bietet das Unternehmen auch die Möglichkeit, im hauseigenen Museum mehr zu erfahren. Dabei geht es sowohl um den Gründer, den Leibarzt Josef II., als auch um alles, was irgendwie mit dem bitteren Schnaps zusammenhängt. Das Museum bietet auch geführte Touren in Deutsch und Englisch (nach vorheriger Anmeldung) an.

IX. | Dandár utca 1 | Tram: Haller utca/ Soroksári út | www.zwackunicum.hu | Mo–Fr 10–17 Uhr | Eintritt 2800 Ft, Kinder 1000 Ft

GALERIEN

Godot Galéria (Godot-Galerie)
C 8

Zu den neuen Galerien im XI. Bezirk gehört die Godot-Galerie. Ihr ausgesprochenes Ziel ist es, junge aufstrebende Künstler einem breiten Publikum vorzustellen und so die hiesige Kunstszene zu bereichern. Dabei geht es aber nicht nur um das Zeigen, sondern auch um das Begleiten der Entwicklung des Künstlers. Dafür nimmt das Godot mehrere Etagen des Hauses in Anspruch, zu Recht, wie man schnell feststellt. Die Galerie ist nicht nur Galerie, sondern auch Café und Filmclub, und auch am Abend bietet das Haus vielfältige Programme. Im Filmclub werden zeitgenössische Filme und Klassiker in Original mit Untertitel gezeigt. Immer freitags gehört das Moha hingegen dem Jazz. Auch hier ist Vielfalt gefragt. Sicher ist nur, nach dem Konzert wird gejamt, und dazu sind alle Musiker jederzeit herzlich eingeladen.

XI. | Bartók Béla út 11–13 | Tram: Szent Gellért tér | http://godot.hu | Di–Fr 9–14, Sa 10–13 Uhr | Eintritt frei

Művelődési szint
D 6

Das Művelődési szint, kurz nur MűSzi genannt, ist wohl eine der spannendsten kulturellen Entwicklungen derzeit. Unter dem Dach und in den Räumlichkeiten des ehemaligen Corvin-Kaufhauses bietet das MűSzi Platz für kreative Köpfe, Ausstellungen und politische Organisationen gleichermaßen. Alles wirkt noch ein wenig provisorisch, aber es lohnt sich, darüber hinwegzusehen. Ein Rundgang durch die mehrere Hundert Quadratmeter große Etage offenbart, was das MűSzi auszeichnet: kleine Ateliers junger Künstler neben offenen Arbeitsplätzen für Freigeister, aber auch Parteizentralen junger Organisationen und Redaktionen von Investigativblogs sind hier zu Hause. Filme werden im MűSzi generell im Original mit Untertitel gezeigt,

Synonym für Schreckensherrschaft: Im Terror Háza (▶ S. 143) werden mit modernsten Mitteln in einer Ausstellung die dunklen Seiten ungarischer Geschichte aufgezeigt.

und so lohnt sich ein Blick zwischen die Programme, ob man nach der Fotoausstellung nicht noch auf einen Film in geselliger Atmosphäre bleibt.
VIII. | Blaha Lujza tér 1, Eingang Ecke Somogyi Béla utca, große grüne Tür (falls geschlossen, bitte klingeln) | Metro: Blaha Lujza tér | http://muszi.org | Mo–Fr 10–21, Sa und So 14–20 Uhr | Eintritt frei

Próféta Galéria 📖 C 8
Die Kunstszene hat den XI. Bezirk schon länger für sich entdeckt, so ist es auch kein Wunder, dass immer mehr Galerien ihre Türen für Besucher im Viertel öffnen. Eine von ihnen ist die Próféta-Galerie. Bereits seit 2012 werden hier jährlich zehn bis zwölf Ausstellungen eröffnet, zumeist junger unbekannter Künstler. Das minimalistische Interieur der Galerie erlaubt es den Werken, bestmöglich zur Geltung zu kommen. Eben weil die Räumlichkeiten der Galerie so weitläufig sind, bietet sie auch immer wieder Platz für Vorträge und Vorlesungen.
XI. | Szent Gellért tér 3 | Metro/Tram/Schiff: Gellért tér | www.profetagaleria.hu | Di–Fr 13–18 Uhr

PESTER WINKEL –
BUDAPEST ALS VERWAND-
LUNGSKÜNSTLERIN

*Wenn Sie mit offenen Augen durch die Budapester Innenstadt laufen,
werden Sie unweigerlich das ein oder andere Mal das Gefühl haben,
dass Sie den Platz oder das Gebäude, das Sie gerade betrachten,
schon irgendwo einmal gesehen haben. Ihr Gefühl täuscht nicht,
denn Budapest hat neben der Rolle als Hauptstadt Ungarns auch
schon viele andere Rollen in bekannten Filmen mit berühmten
Schauspielern gespielt. Kommen Sie mit auf einen Spaziergang durch
Budapest, der Ihnen die Stadt als Filmkulisse präsentiert.*

◄ Denkmal des ungarischen Ministerpräsidenten Imre Nagy am Märtyrerplatz.

START	Ethnografisches Museum am Kossuth tér
ENDE	Kulturschiff A38 Budaer Seite der Petőfi Brücke
LÄNGE	12,5 km (streckenweise mit öffentlichem Nahverkehr)

Sie stehen mit dem Rücken zum Parlament, vor Ihnen das Enthografische Museum. Sowohl das Museum als auch das Gebäude rechts davon, das Agrarministerium, waren Entwürfe, die während der Ausschreibung zum Bau des **Ungarischen Parlaments** 🔳 eingereicht wurden. Wie Sie wissen, gewann zwar Imre Steindl diese Ausschreibung, jedoch waren die zweit- und drittplatzierten Entwürfe so gut, dass man sie nicht in der Schublade verschwinden lassen wollte. Wenn Sie die Säulen hinaufblicken, sehen Sie einen Balkon, der verdächtig an eine Szene aus dem Musical-Film »Evita« erinnert, und schon fast hört man in Gedanken Madonna singen. Starten Sie nun Ihren Spaziergang nach rechts in Richtung des Agrarministeriums. Sowohl an der Wand des Ethnografischen Museums als auch am Agrarministerium sehen Sie immer wieder fast kreisrunde Ausbesserungen. Dies sind Einschusslöcher, die vom Ungarischen Volksaufstand 1956 rühren.

Budapest ist nicht nur bekannt dafür, in Filmen eine große Rolle gespielt zu haben, sondern hier vor Ort hat sich tatsächlich Geschichte abgespielt. Während des Volksaufstands von 1956 kam es hier zu blutigen Verlusten auf beiden Seiten. Sehen Sie die Metall-kugeln gegenüber der Reiterstatue an der Wand des Agrarministeriums? Dies ist das Mahnmal zu Ehren der Opfer des »Blutigen Donnerstag«. Am 25. Oktober 1956 eröffneten sowjetische Panzer auf größtenteils friedliche Demonstranten das Feuer. Die Zahl der Toten ist bis heute nicht geklärt.

Sie stehen nun auf dem **Kossuth-Platz**, Ihnen gegenüber etwas links öffnet sich ein zweiter, kleinerer Platz, in dessen Zentrum ein Denkmal steht, ein Mann auf einer Brücke. Dies ist **Imre Nagy**, Ministerpräsident Ungarns und Leitfigur des Volksaufstands von 1956. Vor dem Denkmal biegen Sie nach links ab in die Vécsey utca in Richtung des Szabadság tér. Während Sie durch die **Vécsey utca** gehen, richten Sie den Blick hinauf. Filigran gestaltete schmiedeeiserne Balkongerüste und reiche Verzierungen der Fassaden sind zu sehen. Vor Ihnen öffnet sich nun der Szabadság tér und eine weitere Kulisse des Films »Evita«. Direkt vor Ihnen steht ein großer **Obelisk**. Dies ist das Denkmal zu Ehren der gefallenen sowjetischen Soldaten während der Befreiung Budapests. Die Umzäunung des Denkmals ist leider nötig, immer wieder kam es in der Vergangenheit zu Vandalismus. Ihnen gegenüber befinden sich hohe Zäune, ein abschreckendes Sicherungssystem. Wenn Sie weiter nach oben schauen, sehen Sie das Dach der **Ungarischen Staatsbank**. Grüne und gelbe glänzende Ziegel schmücken das Dach. Diese kommen aus der Porzellanmanufaktur Zsolnay. Vorsicht beim Fotografieren der amerikanischen Botschaft, dies ist nicht gern gesehen. Zu schade, denn die Fassade des Hauses mit den wunderschönen Fresken und goldenen Verziehrungen wäre es unzweifelhaft wert.

Verlassen Sie das Mahnmal, und nehmen Sie Kurs auf die Botschaft. Links an ihr vorbei gelangen Sie in die Percel Mór utca und kommen direkt auf die **Vásárcsarnok** (Markthalle) des V. Bezirks zu. Gehen Sie nicht zu schnell, denn links auf der Höhe der Hausnummer 2 finden Sie eine wunderschöne Eingangstür, in deren unmittelbarer Nachbarschaft sich nur wenige Schritte weiter an der Ecke Perczel Mór utca und Hold utca ein weiterer Gründerzeitbau mit aufwendigen gusseisernen Verzierungen befindet. Biegen Sie hier nach rechts in die Hold utca ein. Vorbei geht es an der Ungarischen Nationalbank, deren Fassade ebenfalls reich mit Malereien verziert ist. Auf der rechten Seite biegen Sie nach links in die Bank utca ein und erreichen nach nur wenigen Schritten eine der Hauptverkehrsstraßen des Bezirks, die Bajcsy Zsilinsky út. Überqueren Sie die Bajcsy Zsilinsky út, und biegen Sie erst rechts, dann links in die Zichy Jenő utca ein. Hier gelangen Sie in das Herz der Innenstadt, das ebenso wandlungsfähig ist wie der Rest Budapests.

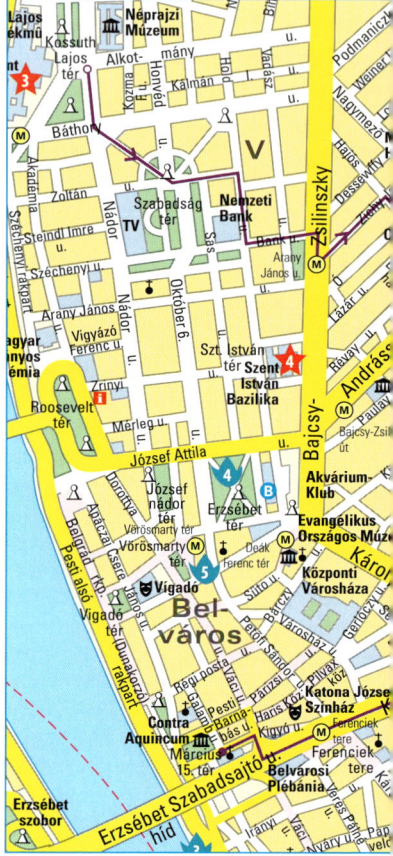

Mediterrane Filmkulisse

Die Straßen zwischen St.-Stephans-Basilika und Oper dienten wegen ihres mediterranen Flairs mit den gepflasterten Wegen und dem wenigen Grün schon als Kulisse für Rom und andere südländische Städte. Auf der rechten Straßenseite ist das Haus mit der Nummer 5 ein echter Blickfang.

Leider wurde in Budapest insbesondere in der Nachwendezeit wenig wert auf ein einheitliches Stadtbild gelegt,

und so kommt es vor, dass neben reich verzierten Fassaden Häuser aus Stahl und Granit stehen und so das Bild der Stadt zersetzen.

Bedauerlicherweise sind die meisten Haustüren geschlossen, aber wenn doch einmal eine offen steht, versuchen Sie, einen Blick hineinzuwerfen. Hier und da verbergen sich hinter schweren Türen kleine grüne Oasen. Biegen Sie bei der nächsten Gelegen-

heit rechts in die Hajós utca ein. Das große Gebäude etwas weiter vorn auf der rechten Seite ist bereits die Oper. Ihr gegenüber sehen Sie das bis heute als »Balettintézet« bekannte Gebäude. Leider fand sich bisher kein Investor für das einstige Ballettinstitut, und mit dem Gebäude verfiel auch ein Stück weit das Renommee des Budapester Balletts, das sich einst europaweiter Anerkennung erfreuen durfte.

Überqueren Sie die **Andrássy út**, gehen Sie links am Balettintézet vorbei, und biegen Sie am Ende der Straße in die Paulay Ede utca nach links ein. Nur wenige Schritte weiter geht es nach links in die **Nagymező utca**. Diese ist wie die Kazinczy utca im VII. Bezirk eine Kneipenmeile, allerdings ist das Niveau der Kneipen, Bars und Galerien doch ein anderes als im mehr studentisch geprägten VII. Bezirk. Wer es

Ein Einkehrtipp auf der Nagymező utca, dem sogenannten Broadway von Budapest, ist das Két Szerecsen mit orientalisch anmutendem Ambiente und lichtdurchfluteter Atmosphäre.

weniger laut, aber nicht weniger abwechslungsreich mag, dem wird die Nagymező utca gefallen. Bei der nächsten Kreuzung geht es nach links in die **Király utca**.

Die beste Pizza der Stadt

Wundern Sie sich nicht, falls Sie eine lange Menschenschlange sehen. Denn in der Király utca gibt es laut einhelliger Meinung der Einheimischen aller Altersstufen die beste 200-Forint-Pizza der Stadt. Die großzügigen Stücke werden rund um die Uhr verkauft, und schon manche Feier endete hier an der Durchreiche. Folgen Sie der Király utca nach links in Richtung des Nagykörút. Kurz bevor Sie diesen erreichen, sehen Sie auf der linken Seite an der Ecke zur Kertész utca die **Franz-Liszt-Musikakademie**. Überqueren Sie den Nagy-

körút, und biegen Sie in die nächste Straße, die Eötvös utca, nach links ein. So unscheinbar diese Straße zuerst wirken mag, so sehr täuscht hier der Schein. Gleich zweimal war sie Drehort für Hollywoodstreifen und diente Vigo Mortensen als Amerika des 19. Jh. sowie Bruce Willis im fünften Teil der »Stirb langsam«-Serie ebenfalls als Kulisse.

Biegen Sie nach rechts in die Szófia utca ein. Auf der linken Seite sehen Sie die **Hunyadi-téri-Markthalle**, eine der fünf Markthallen, die Ende des 19. Jh. in Budapest gebaut wurden. Vor Ihnen öffnet sich leicht links der Hunyadi tér, ein vor allem bei Familien aus dem Bezirk sehr beliebter Ort, besonders wenn im Sommer im kleinen Pavillon Konzerte gespielt werden. Spazieren Sie bis ans Ende der Szófia utca. Hier sehen Sie eine weniger schöne, aber nicht weniger oft gespielte Rolle Budapests: »Stadt der Gegensätze«. Leider fehlt es den Bezirken oft an den nötigen finanziellen Mitteln, um die gelegentlich stark verfallenen Viertel wieder in Schuss zu bringen. An der Ecke Szófia utca und Rózsa utca wird das besonders deutlich. Auf der linken Seite ein gutbürgerliches, anspruchsvoll renoviertes Haus. Wenn Sie sich allerdings nach rechts wenden, sehen Sie Mietskasernen, wie sie besonders um die Jahrhundertwende herum gebaut wurden, und in denen sich Familien bis heute noch immer eine Toilette auf dem Gang teilen.

Schießübungen als Bürgerpflicht

Wenden Sie sich an der nächsten Straße nach links zur Király utca zurück. Vor Ihnen liegt nun der **Lövölde tér**. Hier übten sich früher die Mitglieder der verschiedenen Zünfte und Männer allen Alters im Schießen, um im Notfall die Stadt verteidigen zu können. Im 18. Jh. war es Bürgerpflicht, an Sonn- und Feiertagen schießen zu gehen. Noch bevor Sie den Platz passieren, machen Sie einen erneuten Schwenk nach rechts in die Rottenbiller utca, und gehen Sie von dort die Zweite nach rechts in die Dob utca und erneut nach links in die Rózsa utca. Von hier biegen Sie nach rechts in die **Dohány utca** ab, bis Sie zum Nagykörút gelangen. Diese Straßenzüge sind um einiges weniger repräsentativ als ihre Fortsetzungen innerhalb des Nagykörút, doch auch sie sind Teil Budapests. Auch hier gibt es kleine Schätze zu entdecken, beispielsweise das schmiedeeiserne Tor vor der Dohány út 61.

Drehorte für Filme …

Gehen Sie weiter, Sie sind nun an der Ecke des **New-York-Café** angelangt. Hier drehte Teenieschwarm Robert Pattinson gemeinsam mit Uma Thurman Szenen für den Hollywood-Streifen »Bel ami«. Biegen Sie hier links ab, und folgen Sie dem Nagykörút bis zur Rákóczy út. An der Ecke gegenüber stehen Damen aus Stein an den Fenstern Spalier und haben stets alles im Auge, was auf dem belebten **Blaha Lujza tér** passiert. Noch bevor Sie auf die andere Straßenseite wechseln, lassen Sie Ihren Blick zuerst ein wenig nach links wandern. Das Palace Hotel ist farbenfroh und reich verziert und fällt zwischen den vielen, vom Smog leicht ergrauten Häusern sofort ins Auge. Wechseln Sie, nachdem Sie links in den **Rákóczy út** eingebogen sind, an der nächsten Ampel die Straßenseite. Wenn Sie sich umdrehen, können Sie den Rákóczy út hinab bis nach Buda blicken. Drehen Sie sich wieder mit dem Rücken zur Donau, und setzen Sie Ihren Weg in Richtung Keleti pályaudvar fort. Doch nicht bevor Sie nicht den kleinen Turm auf dem Wohnhaus rechts schräg vor Ihnen auf der anderen Straßenseite entdeckt haben. Die aufwendig verzierten Fenster dieses Wohnhauses und der Turm lassen das Haus fast wie ein Kloster wirken. Je näher Sie dem **Keleti pályaudvar** (Bahnhof) kommen, umso mehr Details werden Ihnen auffallen. Doch auch einen Blick hinein sollten Sie wagen, denn in der großen Ankunftshalle, der Lotz-csarnok, findet sich u. a. ein Gemälde des Künstlers Mór Than. Außerdem ist Ihnen der Keleti eventuell aus dem Fernsehen bekannt.

… und Musikvideos

Die deutschstämmige Sängerin Sarah Connor drehte hier das Musikvideo zu »From Sarah with love«. Der Keleti pályaudvar scheint tatsächlich etwas Magisches an sich zu haben, denn auch der aus Chile stammende, jedoch in Budapest lebende Fotograf Julian Montoni Martinez fotografierte lange Zeit mit Vorliebe in der Ankunftshalle des Bahnhofs.

Den nächsten Punkt Ihres Spaziergangs sollten Sie mit der Metro ansteuern und das nicht aus Bequemlichkeit. Vielmehr wurde auch in der Budapester Metro schon gedreht, u. a. tat dies der italienische Musiker Jovanotti, in dessen Clip zu »Mi fido di te« die Metro eine zentrale Rolle spielt. Fahren Sie die Treppen hinab und mit der Metro in Richtung Széll Kálmán tér, vergessen Sie aber nicht, an der nächsten Haltestelle, dem Blaha Lujza tér, wieder auszusteigen. Suchen Sie den Aufgang, der Sie auf die »Rákóczy út páros oldal« bringt, und gehen Sie die Treppen hinauf. Setzen Sie nun hier Ihren Weg Richtung Donau und weg vom Keleti pályaudvar auf dem Rákóczy ut fort.

Im Kampf mit Monstern

Auch wenn der Weg vom Blaha Lujza tér bis zum Astoria über die Rákóczy út nicht wirklich angenehm ist, nehmen Sie es auf sich. Denn etwa auf der Hälfte befindet sich auf der gegenüberlegenden Straßenseite das **Uránia Filmszinház**, an dem man sonst oft nur vorbeihastet, das aber eine wunderschöne Fassade mit Rundbogenfenstern und Steinmetzarbeiten besitzt. Direkt rechts daneben unter der Hausnummer 19 befindet sich ebenfalls ein schönes Wohnhaus, dessen Fassade mit einer Statue geschmückt ist: Hier wacht **Máttyás király** (König Matthias) persönlich über Haus und Verkehr. Setzen Sie Ihren Weg weiter in Richtung Donau fort, bis Sie am Ferenciek tere angekommen sind. Schon vor der Rundumerneuerung des Platzes war es schwierig zu bestimmen, von welchem Haus Kate Beckinsale im Vampir-Film »Underworld« sprang, um gegen allerlei Monster zu kämpfen. In Anbetracht der palastähnlichen Bauten rund um den Platz ist die Auswahl hier sehr groß. Folgen Sie der Straße noch ein wenig weiter in Richtung Donau, und biegen Sie dann nach rechts in die **Váci utca** ein. Doch bevor Sie wirklich in der Einkaufsstraße angekommen sind, drehen Sie bitte nach links in den Piarista köz ab. Das mehrstöckige Gebäude war einst eine Schule, und auch heute wird hier wieder unterrichtet. Die katholische Piarista-Schule für Jungen hat ihren Sitz in so exklusiver Lage.

Panorama mit Kettenbrücke

Der kleine Platz, auf dem Sie sich jetzt befinden, ist der **Március 15. tér**. Nehmen Sie hier eine leicht linke Richtung, und gehen Sie zur Haltestelle der Straßenbahnlinie 2 in Richtung Közvágóhíd. In dieser Linie drehte der junge R'n B-Künstler Jamie Woon seinen ersten, europaweit erfolgreichen Clip. Mit der Tram geht es vorbei am Fővám tér bis zum Fuß der Petőfi híd, dem Boráros tér. Hier ist es etwas schwierig, sich zurechtzufinden. Nach dem Aussteigen gehen Sie bitte ein Stück zurück, unter der Brücke hindurch. Hier wechseln Sie die Straßenseite, sodass

Eine Verschnaufpause bietet die Grünfläche am Clark Áám tér mit Blick auf die Kettenbrücke. In der Ferne ist die Kuppel des ungarischen Parlaments (▶ MERIAN TopTen, S. 75) zu sehen.

Sie die Donau im Rücken haben. Von hier drehen Sie sich nach rechts und erreichen so den Fuß der Brücke. Gehen Sie die Treppen hoch. Richten Sie den Blick nach rechts. Schritt für Schritt wird sich das Panorama vor Ihren Augen verändern, ein Anblick, dem sich selbst alteingesessene Budapester nicht entziehen können. Selbst an einem regulären Arbeitstag sieht man zumindest eine Person, die bei der Überfahrt über die Brücke mit der Linie 4 oder 6 den Blick aus dem Fenster wendet und heimlich lächelt.

Planen Sie Ihren Ausflug am besten so, dass Sie die Brücke entweder zum Sonnenuntergang oder danach erreichen. Dann strahlen beide Ufer der Donau um die Wette. Wenn Sie sich einmal sattgesehen haben, setzen Sie Ihren Weg in Richtung Buda fort. Auf der

rechten Seite sehen Sie eine Treppe, die hinunter zum Donauufer führt. Gehen Sie die Stufen hinunter und nach rechts unter der Brücke hindurch. Auf der linken Seite sehen Sie ein Schiff vor Anker, dies ist das A38, ein ehemaliger Steinschlepper, der heute als Veranstaltungsort für Ausstellungen und Konzerte genutzt wird, aber auch als Restaurant dient. Hier endet unser Spaziergang mit dem Verweis auf Ziggi Ricado. Der holländische Reggae Sänger drehte vor dem Schiff seinen Clip zu seinem Song »Need to tell you this«, welcher u. a. mit einem Bild der Kettenbrücke, das die Aufschrift »London« trägt, endet. So beliebt Budapest in Künstler- und Filmkreisen auch ist, erhält diese wunderbare Stadt zuweilen doch zu wenig Anerkennung für ihre Schönheit und Vielfältigkeit.

Bunte Häuser mit geschmückten Fassaden: Künstlerstädtchen Szentendre (▶ S. 156).

DAS UMLAND
ERKUNDEN

KÜNSTLERSTADT SZENTENDRE

CHARAKTERISTIK: Die Künstlerkolonie Szentendre liegt nur knapp außerhalb von Budapest und stellt gleichzeitig den Eingang zur Region Donauknie dar. Die kleine Gemeinde am Ufer der Donau bezaubert vor allem durch ihre Architektur. **ANFAHRT:** Mit dem Auto: Folgen Sie auf der Budaer Seite der Donau vom Flórián tér an der Árpád híd dem Szentendrei út. Dieser führt bis hinein ins Stadtzentrum, wo ein Parkleitsystem bei der Parkplatzsuche hilft. Mit der HÉV: Vom Batthyány tér aus mit der HÉV H5 bis zur Endhaltestelle, die Fahrt dauert etwa 40 Min. Von dort weiter mit dem Bus bis zur Haltestelle Tegez utca. **DAUER:** Tagesausflug **EINKEHRTIPPS:** Café Christina, Görög utca 6, Szentendre, Tel. 0 20/3 69 70 08, www.cafechristina.hu, tgl. 8–23 Uhr, €€ | Kacsakő Bisztró, Dunakorzó zwischen Fürdő utca und Kert utca am Donauufer, Tel. 0 20/2 60 17 24, Di–Do 14–22, Fr 14–24, Sa 10–24, So 10–22 Uhr, € **AUSKUNFT:** Tourinform Szentendre, Dumtsa Jenő utca 22, 2000 Szentendre

NÖRDL. C 1

Szentendre war zu Zeiten der türkischen Besatzung vor etwas mehr als 300 Jahren beinahe ausgestorben. Nur eine einzige Familie lebte den Aufzeichnungen zufolge um 1680 dort. Erst nach der Zurückdrängung der Türken durch die Ungarn gemeinsam mit den Habsburgern blühte die kleine Siedlung auf. Um diese Zeit entstanden die niedrigen, barocken Häuser und die mit Kopfsteinpflaster ausgelegten, engen Gassen, die bis heute dem Städtchen seinen mediterranen Flair verleihen. Ein weiterer wichtiger Meilenstein in der Entwicklung Szentendres war die Besiedelung durch die Serben im Jahr 1690. Nun gesellten sich zu den barocken Bauten auch Händlerhäuser nach heimischem Vorbild. Szentendres Stadtkern profitiert bis heute von der Vielzahl kultureller Einflüsse im Laufe seiner Geschichte.

Der größte Teil der historischen **Innenstadt** ist für Autos nicht zugänglich, so kann in Ruhe gebummelt werden. Wer nach einem originellen Mitbringsel sucht, hat hier wohl die besten Chancen, fündig zu werden, denn neben einer Vielzahl an Geschäften, die Kunsthandwerk anbieten, gibt es auch Antiquitäten und Kunstwerke jeglicher Stilrichtung zu kaufen.

In der Altstadt von Szentendre

Es lohnt sich, den Trubel am Dunakorzó und in den Gassen rund um den **Templom tér** hinter sich zu lassen und mit der Donau im Rücken den Rest der **Altstadt** zu erkunden. Denn viele der im Stadtkern angebotenen typischen Mitbringsel wie geschnitztes Holzspielzeug und Dekorationsartikel aus Glas und Porzellan sind auch dort erhältlich, nur um einiges günstiger.

Doch nicht nur wegen der hinreißenden Architektur ist Szentendre ein beliebter Ausflugsort. Bei gutem Wetter verwandeln sich weite Teile der Innenstadt in einen **Kunsthandwerker-**

Szentendre

Freilichtmuseum Skanzen
Künstlerkolonie, Jenő-Kerényi-Museum
Borpince u.
Rév u.
Iskola u.
Arzén u.
Bartók Béla u.
Munkácsy u.
Bogdányi u.
Duna korzó
Szentlászlói út
Ludojevics u.
Martinovics u.
Fulco deák u.
Kovács L. u.
Körút
Rákóczi u.
Kölcsey u.
Patriarka u.
Dunakanyar
Ferenczi u.
Vörösmarty u.
Czóbel sétány
Bajcsy-Zsilinszky u.
Dunakanyar
Mátyás K. u.
Sarú köz
Paprikabíró
Bükköspart u.
Bükköspart u.
Kör u.
Dumtsa u.
Kálvária tér
Kun u.
Eötvös u.
körút
Római várkert u.
Kossuth u.
Bükkös patak
Duna korzó
Szabadság tér
Jókai u.
Kert u.
Požarevačka-Kirche
Hősök tere
Szentendre
Römai sánc u.

Belgrader Dom und Serbische Kirchenkunstsammlung
Sammlung des Malers Béla Czóbel
Alkotmány u.
Templom tér
Blagovestanska-Kirche
Kaufmannskreuz
Ferenczy-Museum
Görög u.
Katholische Pfarrkirche
Fő tér
Sammlung der Keramikerin Margit Kovács
Gemäldegalerie von Szentendre
Gemäldegalerie des Malers János Kmetty
Sammlung des Malers Jenő Barcsay

Szentendrei-sziget

Szentendrei-Duna

© MERIAN-Kartographie

markt, bei dem viele der Künstler, die in Szentendre leben und arbeiten, ihre Werke feilbieten. Entlang der Hauptstraße wird auf Klapptischen eine unübersichtliche, aber dafür umso sympathischere Vielzahl an Werken ausgestellt. Auch wenn hier insbesondere an glühend heißen Sommertagen fast der Flair eines arabischen Markts aufkommen mag, Feilschen ist in Ungarn nicht üblich, zumindest nicht bei neuen Waren. Besonderes Augenmerk verdienen die Porzellan- und Keramikartikel. Die Auswahl ist enorm, und das Schönste ist: Alles ist mit Liebe zum Detail von Hand hergestellt.

Bootstour Szentendre bis Visegrád

Wer nicht kaufen, sondern nur schauen möchte, findet auch dazu in Szentendre genug Gelegenheit. Die kleine Stadt stellt auch den Eingang zum Naturgebiet des Donauknies dar. Dieser Abschnitt zieht sich im Norden von Esztergom bis nach Szentendre im Süden und ist mit seinen zahlreichen Parks und Naturschutzgebieten ein Naherholungsgebiet, das nicht nur Budapester zu schätzen wissen. Die ganze Schönheit der Region ist am ehesten vom Wasser aus zu erfassen. Eine **Bootstour** auf der Route **Szentendre** bis **Visegrád** ist besonders im Sommer ein Erlebnis, wenn auch die kleinen, aber umso sehenswerteren Dörfer **Leányfalu** und **Tahítótfalu** angefahren werden. Dort gibt es neben liebevoll hergerichteten Häusern auch einige Gaststätten, die mit echt ungarischer Hausmannskost verwöhnen. Der Charme des Donauknies war schon zu Vor-Wendezeiten berühmt, noch unter dem Kádár-Regime galt ein Wochenendhäuschen im Donauknie als Erfüllung aller (klein-)bürgerlichen Träume. Da Fahrräder auf den Schiffen mitgenommen werden dürfen, lohnt sich die Fahrt mit dem Rad zwischen zwei Stationen oder eben bis ganz nach Budapest zurück.

Ethnografisches Freilichtmuseum Skanzen

Etwas oberhalb des Stadtkerns von Szentendre befindet sich das **Ethnografische Freilichtmuseum Skanzen**, in dem man mit nur wenigen Schritten von einer nordungarischen Höhlenwohnung in ein typisch südungarisches Dorf spazieren kann. Insgesamt acht dieser Regionen werden im Museum vorgestellt. Die Häuser sind in ihrer Heimatregion abgetragen und im Museum wieder aufgebaut worden. Zu jedem Dorf gibt es Infotafeln, doch das eigentlich Interessante ist, sich das Innere der Häuser anzusehen. Hier haben die Museumsfachleute Lebensbilder geschaffen, die eine Vorstellung

davon geben, wie der Alltag in den verschiedenen Regionen Ungarns zwischen dem 19. Jh. und dem Ende des 20. Jh. aussah. Zu besonderen Anlässen wie beispielsweise Ostern werden im Skanzen auch Traditionen gepflegt. Dann werfen sich Mitarbeiter und Vereinsmitglieder in Schale und feiern wie zu Urgroßmutters Zeiten.

Wem die Entfernung zwischen den Dörfern zu groß ist, kann mit der kleinen Eisenbahn aus den 1920er-Jahren gemütlich von Dorf zu Dorf fahren. Wer lieber zu Fuß gehen möchte, findet zwischen und auch in den Dörfern zahlreiche Picknicktische.

Picknick im Grünen

Es lohnt sich, etwas Wegzehrung zu einem Ausflug ins Skanzen mitzunehmen und bei einem Picknick im Grünen den Blick ins Tal über das Museumsgelände hinweg schweifen zu lassen. Denn obwohl Szentendre und das Skanzen fast vor der Tür der Millionenstadt Budapest liegen, wird man dies beim Anblick des satten Grüns und der langsam dahinfließenden Donau fast vergessen.

INFORMATIONEN

Mahart (Ausflugsschiffe)

Anlegestelle: Szentendre belváros | www.mahartpassnave.hu | Ende Aug.– Ende Sept. | Tickets: Erwachsene ab 2000 Ft

Skanzen (Ethnofrafisches Freilichtmuseum)

Szentendre, Sztaravodai út | Tel. 0 26/ 50 25 37 | www.skanzen.hu | 1. März– 30. März Sa und So 10–16, 1. April– 31. Okt. 9–17 Uhr | Eintritt ab 1000 Ft, erm. ab 500 Ft

WEINSTADT UND FILMPRODUKTIONS-STANDORT ETYEK

CHARAKTERISTIK: Schon vor den Türen Budapests beginnt ein Weingebiet, das ähnliche Bedingungen bietet wie die Champagne in Frankreich. Doch in Etyek wird nicht nur Wein angebaut, sondern auch für Hollywood gedreht. **ANFAHRT:** Mit dem Auto: Nehmen Sie die Autobahnzufahrt M1/M7 in Richtung Győr, Bécs-Wien, Szlovákia/Balaton/usw. Halten Sie sich rechts auf der M1, Richtung Ausztria, Slovákia, Bécs-Wien/Győr. Nehmen Sie die Ausfahrt 16 Richtung Biatorbágy/Budapark. Im Kreisverkehr die dritte Ausfahrt Richtung Herceghalom, im zweiten Kreisverkehr Richtung Sóskút (Etyek). Geradeaus weiter Richtung Sóskút, an der Abzweigung »Etyek« Richtung Etyek nach links abfahren. Öffentlicher Nahverkehr: Mit dem Überlandbus (Volán) vom Kelenföldi pályaudvar (XI. Bezirk) oder vom Széna tér (II. Bezirk) Richtung Etyek. Ausstieg an der Haltestelle »Autóbuszfordúló«. **DAUER:** Tagesausflug **EINKEHRTIPP:** Etyeki Borház, Alcsúti út 2/a, Tel. 070/779 62 99, www.debreczenipinceszet.hu, Sa–So 14–18 Uhr, € **AUSKUNFT:** Etyeki Borút Egyesület (Verein Weinstraße Etyek), 2091 Etyek, Körpince köz 4, www.etyekiborut.hu

Die Gemeinde Etyek und die sie umgebenden Etyeker Hügel (Etyeki-dombság) liegen nur etwa 20 km von Budapest entfernt. Etyek ist vor allem für zwei Dinge bekannt: Wein und seine Filmstudios. Dabei könnten beide Dinge unterschiedlicher nicht geführt sein. Die **Weinkellereien** sind zumeist Familienbetriebe, in denen Wein zwar abgefüllt, aber nur selten auch außerhalb der eigenen Kellerei verkauft wird. Doch gerade das macht Etyek zu einem besonderen Erlebnis, denn hier nimmt sich der Winzer gern Zeit für seine Besucher und erzählt mit Geduld und Hingabe aber vor allem mit zumeist jahrzehntelanger Erfahrung von seinen Reben, dem Niederschlag und warum der Wein aus Etyek vermutlich der edelste Tropfen Ungarns ist. Da bis heute einige der in Etyek lebenden Familien deutsche Wurzeln haben, kann es Ihnen sogar passieren, dass Sie in Ihrer Muttersprache begrüßt werden. Der Großteil der Weinkellereien stammt vom Ende des 19. Jh., als Etyek zum Weinkeller der Hauptstadt avancierte. Nicht weit entfernt, dafür aber mit erlesenen Tropfen versehen, ist das kleine Dorf auch heute noch eine gute Adresse, um mehr über die Ungarn und ihre Leidenschaft für Wein zu erfahren.

Es empfiehlt sich, einen Ausflug nach Etyek bereits am Morgen zu beginnen, denn obwohl fast vor den Toren der Hauptstadt, hält man hier nichts von allzu großer Eile, insofern sind auch die Abfahrtszeiten für die Busse zurück nach Budapest eher als Richtwerte zu betrachten. Und nach einem guten Essen mit noch besserem Wein ist ein Spaziergang durch das hübsche Städtchen sowieso das Beste.

Im Korda-Filmpark

Doch nicht nur Wein ist in Etyek zu Hause, sondern auch der Korda-Filmpark. Neben heimischen Produktionen wird hier auch immer öfter für große europäische Filmproduktionen oder gar für Hollywood gedreht. Der Themenpark umfasst neben einer großen Ausstellungshalle mit interaktivem Teil auch ein Kino und ein Café. Das eigentliche Highlight sind jedoch die beiden Kulissen, die auch betreten werden dürfen. Der Straßenzug aus Brooklyn, New York, wirkt so echt, dass man immer wieder Menschen ungläubig an Wände herantreten und klopfen sieht. Zuletzt wurden hier Szenen für die Comic-Verfilmung »Hellboy 2« aufgenommen. Noch beeindruckender, da auch wesentlich größer, ist die Renaissance-Mittelalter-Kulisse. Hier können Sie durch Tore schreiten, Treppen hinauf- und hinuntergehen, am Brunnen verweilen, auf dem Rathausvorplatz nach Freunden Ausschau halten. Und dann, wenn Sie um die nächste Ecke biegen, stehen Sie auf einmal wieder auf einer eher an ein Industriegelände erinnernden Wiese. Die Kulissenbauer in Etyek haben hier ganze Arbeit geleistet. Das sahen wohl auch die Produzenten der US-amerikanischen Serie »The Borgias« so und drehten zwei ganze Staffeln in dem nur 4100 Bewohner zählenden Dörfchen.

INFORMATIONEN

Korda-Filmpark

2091 Etyek, 157 hrsz. | Tel. 0 22/55 60 00 | www.kordafilmstudio.hu | Mi–So 10–18 Uhr | Eintritt ab 2600 Ft, erm. ab 2000 Ft

Täuschend echte Filmkulisse: Mitten im New Yorker Stadtteil Brooklyn wähnt man sich in diesem Straßenzug im Korda-Filmpark, der immer wieder für Filmproduktionen angemietet wird.

Führt hinauf zum Burgberg: Die Budavári Sikló (▶ S. 64) startet am Clark Ádám tér

BUDAPEST
ERFASSEN

AUF EINEN BLICK

Alles, was Sie wissen müssen über Budapest – kompakt zusammengefasst. Hier finden Sie Informationen über die Stadt und ihre Bewohner, über Lebensbedingungen und Sprache, über Politik, Wirtschaft und Religion.

BEVÖLKERUNG

Budapest ist nicht nur die Hauptstadt Ungarns, sondern stellt mit seinen fast 2 Mio. Einwohnern auch etwa 17 % der Gesamtbevölkerung Ungarns.

LAGE UND GEOGRAFIE

Budapest befindet sich im Herzen des Karpatenbeckens, jenem ausgedehnten Tiefland im südlichen Ostmitteleuropa, dass durch den Karpatenbogen begrenzt wird. Die ungarische Hauptstadt erstreckt sich links und rechts der Donau. Am westlichen Ufer der Donau liegen die Budaer Berge mit ihrer höchsten Erhebung, dem János Berg (524 m). Den tiefsten Punkt der Stadt bildet mit 90 m über Normalnull das Flussbett der Donau. Am linken Donauufer erstreckt sich das Pester Flachland. Innerhalb der Grenzen der Stadt finden sich vier Inseln bzw. Halbinseln in der Donau: Im Süden der Stadt liegt die größte Insel Ungarns, die Csepel Insel, allerdings zählt nur der nördlichste Teil der Insel zum Stadtgebiet. Im Norden sind außerdem die historische Margaretheninsel, die Óbu-

◄ Schachspieler im Thermalwasser des Szé-
chényi-Bads (▶ S. 94) im Stadtwäldchen.

daer Insel und eine Halbinsel, genannt
»Népsziget« (Volksinsel), zu finden.
Budapest verfügt über viele natürliche
Thermalquellen. Ihrem Wasser werden
dank des hohen Mineraliengehalts heilende Eigenschaften zugesprochen. Bedingt durch die Thermalquellen, haben
sich im Untergrund, insbesondere des
Budaer Gebirges, natürliche Höhlen-
formationen gebildet, die von der Bevölkerung jahrhundertelang als Zu-
fluchtsort genutzt wurden.

POLITIK UND VERWALTUNG

Budapest ist die Hauptstadt Ungarns
und Sitz des ungarischen Parlaments.
Die Stadt ist in 23 Bezirke unterteilt,
die mit römischen Zahlen nummeriert
sind. Ausgehend von der Budaer Burg
und ihrer Umgebung, die den I. Bezirk
bilden, werden alle weiteren Bezirke
im Uhrzeigersinn durchnummeriert,
wobei die Donau mehrmals überquert
wird.

RELIGION

Schon seit dem ersten König Stephan,
der sich, seine Krone und das Land
1038 der Heiligen Jungfrau Maria darbot, ist das Christentum in Ungarn
vorherrschend. Bis zum 16. Jh. domi-
nierte die katholische Kirche. Kurz
nach der Reformation folgten viele
Bürger den Lehren der Reformatoren,
allerdings setzten die Jesuiten alles daran, ihre Gläubigen zu halten und Kon-
vertiten wieder zur Rückkehr in den
Schoß der »einzig wahren Kirche« zu
locken. In Budapest befindet sich die
größte jüdische Gemeinde Mitteleuro-

pas. Wie überall in Europa wächst auch
in Ungarn der Anteil der Atheisten.

SPRACHE

Die Amtssprache Ungarns ist Ungarisch. Diese zum finnougrischen
Zweig der uralischen Sprachfamilie
gehörende Sprache zählt neben unge-
fähr 10 Mio. Sprechern innerhalb der
Landesgrenzen weitere 5 Mio. Spre-
cher vorwiegend in den ehemaligen
ungarischen Gebieten in Rumänien,
der Slowakei, Kroatien und Serbien.
Aus der Zeit der Besatzung, sowohl
der Osmanen als auch der Habsburger
Herrschaft, finden sich in der Sprache
viele dem Deutschen oder Türkischen
entlehnte Wörter.

WIRTSCHAFT

Budapest ist ein wichtiger Wirtschafts-
standort des Landes. Jede Autobahn
und internationale Zuglinie führt in
die Hauptstadt. Der bedeutendste der
drei internationalen Flughäfen Ungarns ist der Franz-Liszt-Flughafen in
Budapest. Unzählige Unternehmen haben ihren Sitz in Budapest. Auch der
Tourismus bringt der Stadt erhebliche
Einnahmen.

AMTSSPRACHE: Ungarisch
BEVÖLKERUNG: 90,2 % Ungarn; 0,7 %
Roma; 0,4 % Deutsche; 0,1 % Slovaken
EINWOHNER: 1,77 Mio.
FLÄCHE: 525,13 qm
RELIGION: römisch-katholisch 45,5 %;
kalvinistisch 12,6 %; evangelisch 2,6 %;
griechisch-orthodox 1,6 %; jüdisch
0,5 %
VERWALTUNG: 23 Bezirke
WÄHRUNG: Ungarischer Forint (HUF)

GESCHICHTE

Die wechselvolle Geschichte Ungarns beginnt mit der Landnahme der Magyaren. König Stephan gründet das Königreich, das unter türkische Besatzung gerät und lange unter der Herrschaft der Habsburger steht. Seit 2012 besitzt das Land eine neue Verfassung.

Bis 89 n. Chr.

Archäologischen Funden zufolge gab es auf dem Gebiet des heutigen Budapest schon in der Steinzeit Siedlungen. Die erste wirkliche Erwähnung findet das Gebiet 89 n. Chr. mit der Errichtung eines römischen Militärlagers. In der Nähe des Lagers entstand auf dem Boden des heutigen Óbuda eine Siedlung mit dem Namen **Aquincum**.

1000–1038 Gründung des Königreichs Ungarn

König Stephan I. beginnt ein Königreich nach westlichem Vorbild zu errichten, ernennt aber statt Buda die Stadt **Székesfehérvár** (Stuhlweißenburg) zum Königssitz.

Ab 1490 Türkische Angriffe und Besatzung

Ab 1490 ist Budapest (mittlerweile die ungarische Hauptstadt) fortlaufend türkischen Angriffen ausgesetzt. Die Niederlage in der Schlacht bei **Mohács** 1526 kennzeichnet den Beginn von fast 150 Jahren türkischer Besatzung. Bis heute sind Elemente dieser Zeit sowohl in der Architektur, ein gutes Beispiel ist das Rudas-Bad, als auch in der Sprache deutlich zu erkennen.

1740–1780 Maria Theresia herrscht über Ungarn

Unter **Königin Maria Theresia** erblühte die Hauptstadt, verschiedene wirtschaftliche und kulturelle Maßnahmen

---

Besiedlung des heutigen Ungarns durch die Magyaren

Mongolen stürmen das Land. König Béla IV. leistet einen Schwur, indem er sein ältestes Kind Gott verspricht, sollten die Mongolen aus dem Land vertrieben werden können. Da sich die Mongolen nach dem Tod ihres Groß-Khans tatsächlich zurückziehen, wird Bélas Tochter Margarethe im Kloster auf der Donauinsel Margitsziget zur Nonne erzogen.

1241

896

1000–1038

Stephan I. wird zum ersten König Ungarns gekrönt und regiert bis zu seinem Tod.

1526

Schlacht bei Mohács – die Türken besetzen Pest.

1541

Eroberung Budas

und Institutionen gehen auf diese Zeit zurück und beflügelten die Stadt. Tatsächlich entwickelte Budapest in dieser Zeit eine solche Anziehungskraft, dass auch der Frauenschwarm **Giacomo Casanova** nach Budapest kam, um die Herzen der für ihre Schönheit gerühmten ungarischen jungen Damen zu brechen. Einmal hier angekommen, lernte er die zahlreichen Heilbäder und auch das Nachtleben der Stadt zu schätzen. Der Unsittlichkeit beschuldigt, wurde der venezianische Abenteurer jedoch bald aus der Stadt verbannt.

1826 Benediktinerpater Ányos Jedlik erfindet das Sodawasser

Auch in Deutschland kennt man das »Sodawasser« als mit Kohlensäure versetztes Wasser. Dass dieses jedoch auf die Erfindung eines Ungarn zurückgeht, wissen wohl nur die wenigsten. Benediktinerpater **Ányos Jedlik** haben die Ungarn sogar zwei beliebte Getränke zu verdanken, denn es war auch der Pater, der den ersten pálinka (Obstbrand) brannte. Pálinka zählt neben

Wein, Paprika und Salami zu den ungarischen Spezialitäten.

15. März 1848 Studentenproteste – der Freiheitskampf beginnt

Die Studentenproteste 1848 kamen keinesfalls aus dem Nichts. Vielmehr wollten junge ungarische Intellektuelle nicht mehr unter Fremdbestimmung leben, nachdem erst die türkische Besatzung und nun die Habsburger über ihr Land herrschten. Der Freiheitskampf endete, als der russische Zar seine Truppen zur Unterstützung der Habsburger ins Land schickte. Bis heute gilt die Hinrichtung **Lajos Batthyánys** als eines der ungarischen Traumata. Und auch eine Sitte geht auf diesen Tag zurück. Die Legende besagt, dass die Habsburger ihren Sieg über die Ungarn mit Bier gefeiert und auch angestoßen haben. Damals, so heißt es, schworen die überlebenden Freiheitskämpfer, 150 Jahre lang keinesfalls mit Bier anzustoßen. Zwar sind die 150 Jahre schon lange vorbei, doch bis heute hält sich diese Sitte bei der Bevölkerung standhaft.

Belagerung Budas durch die Habsburger

Eröffnung der Ungarischen Széchényi-Nationalbibliothek

1802

Benediktinerpater Ányos Jedlik erfindet das Sodawasser.

15. März 1848

Studentenproteste um Literat Sándor Petőfi, Beginn des Freiheitskampfs

1668

1740–1780

Herrschaft Maria Theresias, unter ihrer Regierung erblüht Ungarn.

1826

1838

Ein Hochwasser zerstört weite Teile Pests und Budas.

1881 Eröffnung der ersten Telefonschaltzentrale der Welt

Es gibt wohl wenige Begrüßungen, die international so verständlich sind und so gleich klingen, wie »Hallo«. Im Englischen »Hello«, »Hola« im Spanischen, »Hallo« auf Deutsch. Doch woher kommt dieser Begriff? **Tivadar Puskás**, ein ungarischer Wissenschaftler, hörte in der zweiten Hälfte des 19. Jh. von einer neuen Erfindung, dem Telefon. Nach einem Besuch in Amerika bei Edison und Belt kam der Ungar zurück in die Heimat und erfand die erste Telefonschaltzentrale, mittels derer es möglich war, sich weltweit verbinden zu lassen. Dort saßen dann die Damen und steckten zusammen, was zusammen gehört. Und immer wieder wurde die Frage gestellt »Hall engem?« (Hören Sie mich?), und es folgte die Antwort »Hallom« (Ich höre Sie). Aus dieser Bestätigung entwickelte sich im Laufe der Jahre die Grußformel, die heute in so vielen Sprachen als legere Begrüßung benutzt wird. Interessanterweise wird »Helló« im Ungarischen auch zur Verabschiedung benutzt.

1896 Millenniumsfeier der Landnahme

Die Tausend-Jahr-Feier zur Landnahme hat das Budapester Stadtbild ungemein geprägt. Unzählige Gebäude wie das Parlament, die Freiheitsbrücke und die Vajdahunyad-vár (Burg im Stadtwäldchen) wurden anlässlich der Millenniumsfeierlichkeiten gebaut. Auch die erste Untergrundbahn des europäischen Festlands geht auf diese Zeit zurück. Die als »Millenniumbahn« bezeichnete Metro transportiert noch immer täglich hunderte Passagiere.

1919 111 Tage des Roten Terrors

Nach dem Ende des Ersten Weltkriegs versank Ungarn im Chaos, denn der Vielvölkerstaat Österreich-Ungarn war nunmehr Vergangenheit. Im März 1919 übernahmen die Kommunisten in Budapest die Macht. Die 111 Tage dauernde Regierung ging als »Roter Terror« in die ungarische Geschichte ein. **Jószef Cserny** und seine »Lenin-Jungs« bereisten das Land mit einer speziell gepanzerten Eisenbahn und traten überall dort auf, wo die einberufenen

6. Okt. 1849

Hinrichtung des oppositionellen Regierungschefs Lajos Batthyány durch die Habsburger

1849

Die Széchény Lánchíd (Kettenbrücke), die älteste der neun Budapester Brücken, wird eröffnet.

1867

Österreich-ungarischer Ausgleich, Ungarn erhält einen Teil seiner Selbstständigkeit zurück.

1873

Zusammenschluss der Städte Buda, Óbuda und Pest zu Budapest

Räte »gefährliche Bewegungen« in der Bevölkerung ausmachten. Vor allem in Budapest wurden Kommandoeinheiten aufgestellt, die in der Wahl ihrer Mittel nicht zurückhaltend waren. Immer wieder wurde auf Gutdünken requiriert, was gefiel, und auch vor präventiver Beugehaft wurde nicht zurückgeschreckt. Ein amerikanischer Offizier, mit der US-Division zur Wahrung des Friedens in Budapest stationiert, wurde zum Helden der Bevölkerung der Stadt, als er rumänische Soldaten von der Plünderung des Nationalmuseums abhielt.

1920 Vertrag von Trianon

Der Vertrag von Trianon ist das zweite große Trauma der Ungarn. Überall in der Stadt, auf Autos, Taschen oder T-Shirts, sieht man Ungarn in seiner Form vor 1920. Bis heute fühlt sich Ungarn wegen des Gebietsverlusts von fast zwei Drittel seiner eigentlichen Größe zu Unrecht bestraft. Immer wieder ist zu lesen, dass Ungarn beim Vertrag von Trianon, allein was die Zahlen angeht, härter bestraft wurde als beispielsweise Deutschland. Die im Ausland lebenden ungarischen Minderheiten gehen auf diesen Vertrag zurück. Auch heute gibt es zwischen Ungarn und einigen Nachbarstaaten in der Frage der Minderheiten Probleme bzw. Spannungen. 2014 dürfen die im Ausland lebenden Ungarn beispielsweise das erste Mal wählen.

1938 Einführung antijüdischer Gesetze

Unter Miklós Horthy wurde eine Reihe antijüdischer Gesetze eingeführt. Horthys Rolle ist auch heute noch heftig umstritten. Während ihn die einen als »Retter der ungarischen Juden« zu Zeiten des Zweiten Weltkrieges bezeichnen, sehen andere ihn als willigen Vollstrecker der Nationalsozialisten. Mit dem »Gleichberechtigungsgesetz« von 1938 erließ Horthy ein Gesetz, welches besagte, dass alle Stellen im öffentlichen Dienst maximal zu 50 % von jüdischen Bürgern besetzt werden dürfen bzw. dass maximal die Hälfte an Gehalt an jüdische Beamte entfallen durfte. Viele Juden verloren so ihre Stelle.

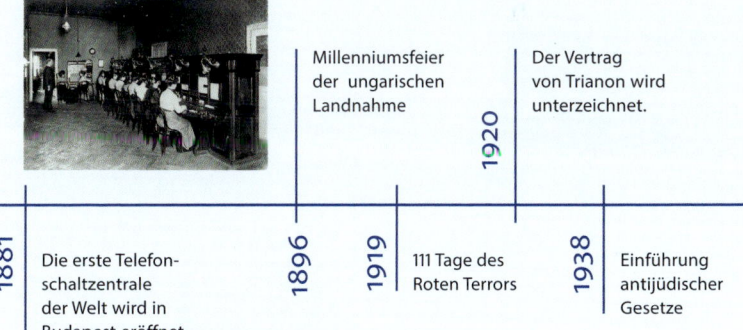

Millenniumsfeier der ungarischen Landnahme

1920 Der Vertrag von Trianon wird unterzeichnet.

1881 Die erste Telefonschaltzentrale der Welt wird in Budapest eröffnet.

1896

1919 111 Tage des Roten Terrors

1938 Einführung antijüdischer Gesetze

1944 Einmarsch deutscher Truppen in Budapest

Ein überliefertes Zitat eines ranghohen deutschen Offiziers aus der Zeit der deutschen Besatzung lautet in etwa: »Die Besetzung Ungarns hat 48 Stunden gedauert. Wir hätten nur 12 Stunden gebraucht, wenn wir nicht bei so vielen Willkommensfeiern und Dankesessen hätten anhalten müssen«.

1956 Volksaufstand

In den 1950er-Jahren ging eine Welle des Widerstands durch die unter sowjetischer Besatzung stehenden Staaten. Auch in Ungarn gingen die Bürger auf die Straße, um für ihre Freiheit zu demonstrieren. Am 23. Oktober 1956 versammelten sich Studenten das erste Mal zu friedlichen Protesten. Noch in derselben Nacht eröffnete der Staat das Feuer auf seine Bürger, woraufhin auch diese zu den Waffen griffen. Wie viele Menschen während der Unruhen ums Leben kamen, ist bis heute nicht eindeutig geklärt, Schätzungen gehen von 2500 Opfern auf ungarischer und 700 auf sowjetischer Seite aus. Obwohl die Aufständischen ihre Ziele nicht erreichten, änderte sich das Leben nach 1956 doch spürbar. Zwar gab es weiterhin rigide Verbote, was beispielsweise Musik und Literatur anging, jedoch wurden gerade an den Universitäten diese entweder nicht kontrolliert oder nicht sanktioniert.

1989 Umbettung Imre Nagys und Paneuropäisches Picknick

Viele Historiker sehen die feierliche Neu-Bestattung von **Imre Nagy**, des Freiheitskämpfers von 1956, am 16. Juni 1989 als Beginn der Wende in Ungarn. Der spätere Ministerpräsident Ungarns, **Viktor Orbán** forderte in seiner Rede erstmals öffentlich den Abzug der sowjetischen Truppen aus Ungarn. Am 19. August fand das »Paneuropäische Picknick«, eine Friedensdemonstration an der österreichisch-ungarischen Grenze, statt. Österreichs Außenminister Alois Mock und Ungarns Außenminister **Gyula Horn** hatten sich schon im Vorfeld über die symbolische Öffnung der Grenze auf Zeit verständigt. Als jedoch immer

Einmarsch deutscher Truppen in Budapest

23. Okt. 1956

1989

Paneuropäisches Picknick (Grenzöffnung zwischen Österreich und Ungarn)

1944

1949

Die Volksrepublik Ungarn unter kommunistischer Regierung wird ausgerufen.

Volksaufstand

mehr DDR-Bürger die Chance zur Flucht aus dem Ostblock nutzten, war von einer Grenzöffnung auf Zeit keine Rede mehr. Obwohl der Grenzübergang noch von ungarischen Soldaten bewacht war, schritten diese nicht ein, sondern ließen die Menschen ziehen.

2006 Unruhen in Budapest

Während Ungarn in den ersten Jahren nach der Wende als Musterschüler der Demokratie galt, setzte ab etwa 1996 ein Rückgang der Entwicklung ein. Viele Ungarn erlebten dies drastisch und fühlten sich als Verlierer der Wende. Diese negative Stimmung hielt sich stetig in der Bevölkerung und führte immer mehr zu Spannungen, die auch durch die Politik noch forciert wurden. 2006 wurde in Ungarn ein neues Parlament gewählt und die sozialistische Partei unter Regierungschef **Ferenc Gyurcsány** wurde wiedergewählt. Nur wenig später wurde jedoch ein Mitschnitt einer seiner Reden veröffentlicht, in der Gyurcsány vor Parteimitgliedern davon sprach, ständig gelogen zu haben, um die anstehenden Wah-

len doch noch zu gewinnen. Nach Bekanntwerden der Rede versammelten sich Demonstranten vor dem Parlament, woraus sich eine wochenlange Dauer-Demonstration entwickelte. Am 50. Jahrestag des Aufstands von 1956 kochten die Emotionen letztlich über, und es kam zu gewaltsamen Ausschreitungen zwischen oppositionellen Demonstranten und der Polizei. Die Polizei agierte hier über die Maßen gewaltsam, ihr Vorgehen war später Gegenstand eines Verfahrens vor dem Europäischen Gerichtshof für Menschenrechte. Die Proteste dauerten in schwächerer Form bis 2009, bis zum Rücktritt Ferenc Gyurcsánys, an.

2012 Neue Verfassung

Nach dem Wahlsieg 2010 unterzog die neue nationalkonservative Regierung aus Fidesz und KDNP unter dem neuen Regierungschef **Viktor Orbán** die bestehende Verfassung einer juristisch umfassenden Reform. Teil davon war auch die Verabschiedung einer neuen Verfassung, dem sogenannten »alaptörvény« (Grundgesetz).

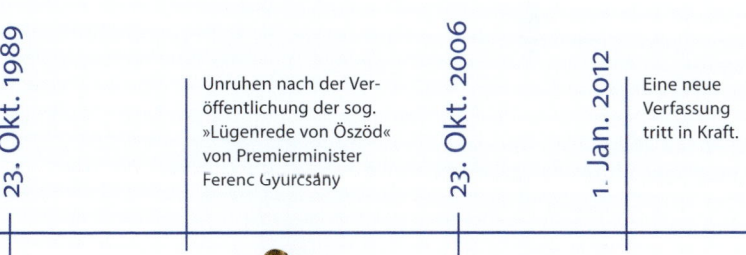

23. Okt. 1989

Die Republik Ungarn wird ausgerufen.

2006

Unruhen nach der Veröffentlichung der sog. »Lügenrede von Öszöd« von Premierminister Ferenc Gyurcsány

23. Okt. 2006

Gewaltsame Auseinandersetzungen zwischen Demonstranten und Polizisten

1. Jan. 2012

Eine neue Verfassung tritt in Kraft.

Im Fokus
Jüdisches Budapest

In Ungarn leben mehr als 70 000 Juden, der mit Abstand größere Teil von ihnen in Budapest. Die Stadt besitzt damit nicht nur die größte jüdische Gemeinde in Ungarn, sondern auch in Mitteleuropa.

Ausgrabungen bestätigen, dass bereits zu Zeiten der Römer auch Juden entlang der Donau zu finden waren. Im 9. Jh. war das Gebiet des heutigen Ungarn unterteilt in Dacien und Pannonien. Der König von Dacien, Decebal, soll damals die Juden gegen die Römer zu Hilfe gerufen haben. Nur wenig später, im Jahr 1050, so belegen es Dokumente, gab es bereits eine größere jüdische Gemeinde in der Stadt Esztergom, die auch einen Friedhof unterhielt. Das Karpatenbecken war zum damaligen Zeitpunkt ein Sammelbecken für die verschiedensten Volksstämme, und so gab es auch keine Gesetze, die das jüdische Leben in dieser Zeit reglementiert oder gar behindert hätten.

VERBOTE, VERORDNUNGEN UND PRIVILEGIEN
Die Christianisierung Osteuropas begann im Wesentlichen im 7. Jh., doch sollte es etwa 400 Jahre dauern, bis der Glaube sich bis in das Gebiet des heutigen Ungarns vorgearbeitet hatte. Insbesondere Staatsgründer

◀ Die »Schlacht bei Mohács« (1526). Gemälde
des ungarischen Malers Mór Than.

König Stephan war es, der seinem Volk den christlichen Glauben näher-
brachte. Doch 1092 erließ König Ladislaus ein Verbot, nach dem Juden
keine Christen heiraten, an Sonn- und Feiertagen nicht arbeiten und
keine christlichen Bediensteten haben durften. Den nächsten tiefen Ein-
schnitt ins jüdische (Arbeits-)Leben stellte die »Goldene Bulle von Ungarn« im Jahr 1222 dar. Das Gesetz, das als eines der frühen staatsrechlich
relevanten Dokumente gewertet wird, untersagte es jüdischen Bürgern,
die Berufe der Münzpräger, Salz- und Steuerbeamten auszuüben. Dies
war nunmehr nur noch Adligen gestattet. König András II. erließ allerdings nicht nur diese eine Verordnung. Auf Druck des Vatikans musste er
1233 schwören, alle Juden sofort aus allen öffentlichen Ämtern zu entfer-
nen und sie weiterhin zum Tragen eines »Judenzeichens« zu zwingen.
Auch sein Sohn und Thronfolger Béla IV. musste beim Papst einen ähnlichen Schwur leisten. Allerdings zwangen finanzielle Probleme Béla IV.
dazu, um eine Lockerung bei Papst Gregor IX. zu bitten. Unter Béla IV.
erlangte die jüdische Gemeinde erneut gesellschaftliche Relevanz, wurden ihre Mitglieder doch sogar zu Pächtern des Münzamts ernannt, zu
damaligen Zeiten eine Schlüsselposition. Nach den Tartarenstürmen auf
das Land um 1241 wurde die jüdische Gemeinde mit einem weiteren Pri-
vileg bedacht: die sogenannte Kammerknechtschaft. Dies machte die
jüdischen Bürger im Königreich zu einer Art Eigentum des Königs, und
so genossen sie auch seinen Schutz. Diese Privilegien wurden auch dann
nicht aufgehoben, als Papst Nikolaus III. 1279 beschloss, Juden müssten
sich kennzeichnen, und er Christen geschäftliche Verbindungen mit
Juden untersagte. Bis zur Schlacht von Mohács im Jahr 1526 gegen die
Türken wurden diese Privilegien von jedem König immer wieder neu bestätigt, die jüdische Bevölkerung musste sich auf der anderen Seite diese
Privilegien über die Jahrhunderte immer wieder durch teure Geschenke
und hohe Abgaben »sichern«.

UNTER MARIA THERESIA

Die Schlacht von Mohács stellte einen Wendepunkt für die jüdische
Bevölkerung in Ungarn dar. Denn die dort erlittene Niederlage wurde
den Juden zugeschrieben. Immer wieder kam es in dieser Zeit zu Pogro-
men, die Landesverwaltung beschloss in Székesfehérvár gar, die noch in
Ungarn lebenden Juden zu vertreiben. Die antijüdische Stimmung wurde

insbesondere durch Königin Maria angeheizt. Auf ihre Erlaubnis hin wurde die jüdische Bevölkerung aus den Städten Posony, Sopron und Nagyszombat vertrieben. Doch auch die türkischen Besatzer stellten eine große Gefahr für die Juden dar, sahen sie doch in ihnen eine Art »Musterungarn«. Viele von ihnen flohen in das Gebiet des heutigen Budapests, wo schon bald eine florierende jüdische Gemeinde entstand. In Budapest lebten sie relativ unbehelligt, selbst unter den Türken, die erkannt hatten, dass es lohnender ist, diese Bevölkerungsgruppe mit hohen Steuern zu belegen, statt sie zu vertreiben.

BLÜTEZEIT DES UNGARISCHEN JUDENTUMS

Als 1686 die Türken aus Budapest vertrieben wurden und König Leopold I. den Thron bestieg, begannen die Repressalien gegen die jüdische Bevölkerung erneut, angefangen von der Vertreibung aus Budapest bis zur Festlegung bestimmter, erlaubter Berufe. In Budapest nicht mehr wohlgelitten, bildeten sich neue jüdische Gemeinden in Posony, Sopron und Esztergom. Hier lebten sie jedoch unbehelligt und lockten sogar Gläubige aus anderen Ländern an. In der ersten Hälfte des 18. Jh. wuchs die Zahl der in Ungarn lebenden Juden durch die Zuwanderung von mährischen und polnischen Juden. Binnen 100 Jahren, im Zeitraum von 1740 bis 1840, stieg die Zahl der jüdischen Bevölkerung um das 20-Fache. Selbst die durch Königin Maria Theresia auferlegten, exorbitant hohen Steuern konnten diesen Trend nicht bremsen.

INTEGRATION UNTER JOSEPH II.

Ihr Sohn und Thronfolger Joseph II. hob diese Steuern zwar nicht auf, jedoch war er um die Integration der Juden bemüht – mit heute fragwürdigen Mitteln. So wurden Juden gezwungen, ihre Bärte abzuschneiden, und ab 1781 sollten sie statt des Jiddischen die Landessprache auch in Schulbüchern und religiösen Schriften verwenden. Neben diesen Pflichten gestand König Joseph den jüdischen Bürgern aber auch zu (sofern sie sich assimilierten), frei ein Gewerbe zu wählen, zu studieren und ein Stück Land zu mieten. Mehr noch, assimilierte Juden durften in vielen Städten öffentliche Schulen besuchen und auch eigene eröffnen.

König Joseph II. kann als für seine Zeit tatsächlich tolerant bezeichnet werden. Bis zur vollkommenen Gleichberechtigung dauerte es jedoch noch weitere 100 Jahre. Erst 1896 wurde diese gesetzlich festgeschrieben. Damit begann auch die wahre Blütezeit des ungarischen Judentums, Kultur und Wissenschaft entwickelten sich zu neuen Höhen. Etwas früher,

1877, wurde bereits die Landesrabbinerschule in Budapest gegründet, die bis heute als Wiege des Zionismus gilt, denn hier trafen große Geister wie der Schriftsteller Theodor Herzl, der Rabbiner Leopold Löw sowie der Journalist und Arzt Max Nordau aufeinander.

ERSTER WELTKRIEG BIS HEUTE

Bei Ausbruch des Ersten Weltkriegs waren die Juden in Ungarn anerkannte und geschätzte Mitglieder der ungarischen Gesellschaft, die viele Schriftsteller, Musiker und Künstler hervorgebracht hatte. Wie auch in Deutschland nahmen Juden in ungarischer Uniform am Kriegsgeschehen teil und zogen für ihr Vaterland in den Kampf. Mihály Károlyi wurde übergangsweise Präsident der am 16. November 1918 ausgerufenen Republik, scheiterte jedoch in diesem Amt. Insbesondere der für Ungarn bis heute schmerzhafte Vertrag von Trianon wird ihm angelastet, und so übernimmt am 21. März 1919 ein Revolutionsrat unter dem Juden Béla Kún die Macht. Diese Räterepublik dauerte zwar nur 133 Tage, doch kam es in dieser Zeit vor allem gegen jüdische Großgrundbesitzer zu Ausschreitungen.

Im Chaos der Nachkriegszeit und nach der blutigen Räterepublik gelang es General Horthy, die Macht an sich zu reißen. Bis heute ist seine Rolle in Ungarn umstritten, gerade in jüngster Zeit wird immer wieder versucht, ihn historisch reinzuwaschen. Fakt ist jedoch, dass noch bevor im nationalsozialistischen Deutschland die Nürnberger Gesetze in Kraft traten, in Ungarn bereits Regeln und Verordnungen galten, welche die jüdische Bevölkerung ausgrenzten und unterdrückten. Weiterhin stimmt auch, dass Ungarn lange Zeit als sicherer Hafen für Juden im Zweiten Weltkrieg galt, dass aber gerade zum Kriegsende hin Horthy sich durch Übereifer bei der Hilfe der Deportation von Juden in Ungarn hervortat.

Heute ist die jüdische Gemeinde in Budapest präsent, jedoch wachsam. Wer mit offenen Augen durch das jüdische Viertel im VII. Bezirk spaziert, kommt nicht umhin, die unzähligen Überwachungskameras und Sicherheitssysteme wahrzunehmen. Trotz aller Weltoffenheit ist es heute in Ungarn leider wieder vielerorts nicht nur salonfähig, sondern geradezu selbstverständlich, mit latentem Antisemitismus zu kokettieren. Viele, gerade junge Juden, verlassen lieber das Land, als hier zu leben, denn Übergriffe kommen immer wieder vor. Dabei ist Budapest gerade durch seine Vielfalt, zu der auch die jüdische Gemeinde einiges beiträgt, so lebenswert. Würde dieser Teil wegfallen, verlöre die Stadt Budapest ein großes Stück ihres Charakters.

KULINARISCHES LEXIKON

A

almamártás – Apfelsauce
ásványvíz – Mineralwasser

B

bab – Bohnen
barack – Aprikose
bárány – Lamm
bécsi szelet – Wiener Schnitzel
bifsztek – Beefsteak
birka – Hammel
bor – Wein
borjú – Kalb
burgonya – Kartoffel

C

citrom – Zitrone
cseresznye – Kirschen
csirke – Hühnchen
csípős – scharf
cukor – Zucker

D

dinnye – Melone
dió – Nuss

E

ecet – Essig
édes – süß
eper – Erdbeeren
erőleves – Kraftbrühe

F

fekete – Mocca
fogas – Zander
foglalt – reserviert
fokhagyma – Knoblauch
fürj – Wachtel
füstölt – geräuchert

G

galuska – Nockerln, Spätzle
gesztenye – Kastanien
gombaleves – Pilzsuppe
gombamártás – Pilzsauce
gulyás – Gulaschsuppe
gyümölcslé – Fruchtsaft
gyümölcssaláta – Fruchtsalat

H

hagyma – Zwiebel
hal – Fisch
halászlé – Fischsuppe
harcsa – Wels
hús – Fleisch
húsleves – Fleischsuppe

I

ital – Getränk

K

kacsa – Ente
karaj – Kotelett
káposzta – Kraut
kávé – Kaffee
kecsup – Ketchup
kenyér – Brot
kolbász – Wurst
köret – Beilage
krumpli – Kartoffeln

L

leves – Suppe
liba – Gans
libamáj – Gänseleber

M

máj – Leber
majgombóc – Leberknödel

majgombócleres – Leberknödelsuppe
málna – Himbeeren
marha – Rind
marhahús – Rindfleisch
mártás – Sauce
mazsola – Rosine
meggy – Sauerkirschen
méz – Honig
mogyoró – Haselnuss
mustár – Senf

N

narancslé – Orangensaft
nyúl – Hase

O

őszibarack – Pfirsich
őszibaracklé – Pfirsichsaft
oldalas – Rippenfleisch

P

pácolt – gebeizt
palacsinta – Palatschinken
pálinka – Schnaps
paprikás csirke – Paprikahuhn
paradicsomlé – Tomatensaft
paradicsomleves – Tomatensuppe
pezsgő – Sekt
párolt – gedünstet
pirított – geröstet
pisztráng – Forelle
ponty – Karpfen
pulyka – Truthahn

R

rétes – Strudel
rizs – Reis
rostélyos – Rostbraten
roston sült – gegrillt

S

sajt – Käse
saláta – Salat

sárgarépa – Karotten
savanyú – sauer
sertés – Schwein
só – Salz
sósburgonya – Salzkartoffel
sonka – Schinken
sör – Bier
süllő – Zander
sült – gebacken
sütemény – Gebäck
szarvas – Hirsch
száraz – trocken
szilva – Pflaumen
szódavíz – Sodawasser, Sprudel

T

tea – Tee
tej – Milch
tejeskávé – Milchkaffee
tejfol – Sauerrahm
tejszínhab – Sahne
tojás – Ei
tők – Kürbis
töltött – gefüllt
torta – Torte
túró – Quark
tyúk – Huhn

U

uborka – Gurken

V

vadas mártás – Jägersauce
vaddisznó – Wildschwein
vadkacsa – Wildente
vaj – Butter
víz – Wasser
vörös – rot

Z

zöldbab – Bohne
zöldborsó – grüne Erbsen
zsemlegombóc – Semmelknödel

SERVICE

Anreise und Ankunft

MIT DEM AUTO

Die Autobahnen von Deutschland über Österreich sind gut ausgebaut, und wenn der Abfahrtzeitpunkt günstig gewählt ist, auch nicht zu voll. Innerhalb Budapests lohnt es sich, vor Abfahrt die Parksituation am Hotel zu erfragen, denn Parkplätze sind wie in jeder Großstadt Mangelware. Da in Budapest viel und ständig gebaut wird, ist ein Navigationsgerät unerlässlich. Alle Autobahnen in Ungarn führen nach Budapest. Je nachdem, welchen Grenzübergang Sie wählen, gelangen Sie über kurz oder lang in die Hauptstadt. Die meisten Grenzübergänge aus nördlicher und westlicher Richtung sind rund um das Jahr gut passierbar.

MIT DER BAHN

Nach Budapest gibt es gleich mehrere Direktverbindungen mit der Bahn. Aus Norddeutschland (Hamburg) dauert die Fahrt etwa 14 Stunden. Fast alle Züge aus dem Ausland kommen im Keleti pályaudvar, im Herzen der Stadt, an. Der Keleti pályaudvar ist ein zentraler Knotenpunkt des öffentlichen Nahverkehrs, die Metros und Busse verkehren bis kurz vor Mitternacht und ab etwa halb 5 in der Früh, sodass ein Fortkommen kein Problem ist. (Alleinreisende) Damen können sich bei den Schaffnern nach Frauenabteilen erkundigen. Diese werden ggf. ad hoc vom Schaffner reserviert. Vorsicht: Am Keleti pályaudvar werden ankommende Reisende oft von zwielichtigen Gestalten angesprochen mit dem Angebot, Geld zu guten Kursen zu wechseln. Dies ist erstens illegal und zweitens gefährlich, da es sich um Falschgeld handeln könnte bzw. weil auch Taschendiebe auf dem Keleti pályaudvar keine Seltenheit sind.

MIT DEM FLUGZEUG

Der Franz Liszt International Airport befindet sich nur wenige Kilometer außerhalb der Stadt. Angeflogen wird er sowohl von klassischen Fluglinien als auch Billigfluganbietern. Eine vertraglich festgelegte Taxigesellschaft ist vor Ort und bietet Transferfahrten zu festen Preisen, die sich insbesondere bei Hin- und Rückfahrt lohnen. Des Weiteren werden Transferfahrten mit dem Sammeltaxi angeboten. Diese müssen mindestens 24 Stunden im Voraus gebucht werden (www.airportshuttle.hu). Auch ein Shuttlebus von der Endhaltestelle der Metrolinie 3 bis zum Flughafen verkehrt mehrmals stündlich und kann mit normalen Streckenfahrscheinen genutzt werden (Linie 200E).

Auf www.atmosfair.de und www.myclimate.org kann jeder Reisende durch eine Spende für Klimaschutzprojekte für die CO_2-Emission seines Fluges aufkommen.

Auskunft

Tourinform Sütő utca   C 6

V. | Sütő utca 2 | Tel. 01/4 38 80 80 | www.tourinform.hu | Mo–So 8–20 Uhr | info@budapestinfo.hu

Tourinform Büro Teréz körút   💢 D 6

VI. | Teréz körút 2–4 | Tel. 01/3 22 40 98 | www.tourinform.hu | Mo–Fr 10–18 Uhr

Tourismusbüro Budaer Burgviertel
💢 A–B 6

I. | Szentháromság tér | Tel. 01/4 88 04 75 | www.tourinform.hu | Mo–So 9–18 Uhr

Ferihegy/2A Tourinform Büro
💢 südl. A 10

XVIII. | Ferihegyi Repülőtér Terminal 2A & 2B | Tel. 01/4 38 80 80 | www.tourinform.hu | Mo–So 10–22 Uhr

Buchtipps

Lysan Heller: Die Paprikantin (Ullstein 2008) Die Autorin Lysan Heller kam nach Ungarn, um bei der deutschsprachigen Budapester Zeitung zu arbeiten. Wie sie als Zugezogene, der Sprache nicht mächtig, die Stadt und das Land erlebt, berichtet sie kurzweilig und oft mit einem literarischen Zwinkern. Nebenbei erfährt der Leser viel über Kultur, Land und Leute.

Viktor Ivo: Gebrauchsanweisung für Budapest und Ungarn (Piper 2009) Nicht nur sprachlich ist Ungarn ein Unikat im europäischen Raum. Mit Bier stößt man nicht an, dafür aber mit Pálinka (Obstbrand) gern auch schon vor dem Mittagessen. Dies ist nur eine der zahllosen liebenswerten Eigenheiten, mit denen man als Ausländer in Ungarn konfrontiert wird. Diese zu erkennen und darauf zu reagieren hilft dieses Buch.

Viktor Iró: Tödliche Rückkehr. Kommissar Peringer ermittelt (Piper 2010) »Tödliche Rückkehr« ist der erste Roman, in dem Kommissar Peringer nach fast 50 Jahren zurück in seine Geburtsstadt Budapest kehrt. Dabei gelingt es Iró auf eine ganz einzigartige Weise, Wissenswertes in seinen Roman einzustricken. Dem Leser wird gar nicht bewusst, dass er, während er das Ermittler-Duo Antal Peringer und Viki Kiss bei der Klärung eines Mordes begleitet, auch noch jede Menge über die Geschichte Ungarns und die Eigenheiten des Landes erfährt.

Paul Lendvai: Die Ungarn – eine tausendjährige Geschichte (Goldmann, 2001) Um Ungarn, seine Bewohner und die politischen Geschehnisse des Landes zu verstehen, muss man die Geschichte des nun mehr als 1000-jährigen Landes kennen. Der Autor gibt Einblicke in die historische Seele des Landes, ohne dabei belehrend oder langweilig zu werden. So bewegt die Geschichte der Magyaren ist, so interessant und informativ ist dieses Buch.

Budapest Card

In drei Ausführungen (24, 48, 72 Stunden) ist die Budapest Card erhältlich. In allen drei Kategorien sind der öffentliche Nahverkehr, der Eintritt in ein Thermalbad und sieben Museen sowie Ermäßigungen für 70 Lokale und Geschäfte enthalten.

Budapest Card ab 4500 Ft | www.budapest-card.com

Diplomatische Vertretungen

Deutsche Botschaft 🢖 A 6

I. | Úri utca 64–66 | Tel. 01/4 88 35 00 | www.budapest.diplo.de

Botschaft der Republik Österreich 🢖 E 4–5

VI. | Délibáb utca 21 | Tel. 01/4 61 50 40 | www.bmeia.gv.at/botschaft/budapest/

Botschaft der Schweizerischen Eidgenossenschaft 🢖 F 5

XIV. | Stefánia út 107 | Tel. 01/4 60 70 40 | www.eda.admn.ch

Feiertage

1. Januar Újév (Neujahr)

19. Januar Emléknap a magyarországi németek elhurcolásának (Gedenktag der Vertreibung der Ungarn-Deutschen)

15. März A 1848-as forradalom ünnepe (Nationalfeiertag zum Gedenken an den Freiheitskampf von 1848)

Ostersonntag & Ostermontag

16. April Holokauszt áldozatai emléknapja (Gedenktag zu Ehren der Opfer des Holocaust)

1. Mai Tag der Arbeit

Pfingsten

4. Juni Nemzeti összetartás napja (Tag des nationalen Zusammenhalts/ Vertrag von Trianon)

19. Juni Független Magyarország napja (Tag des unabhängigen Ungarns)

20. August Államépítés ünnepe (Feier der Staatsgründung)

6. Oktober Aradi vértanuk emléknapja (Gedenktag der Blutzeugen von Arad)

23. Oktober 1956-os forradalom ünnepe (Feier des Aufstands von 1956)

1. November Mindszentek (Allerheiligen)

25.–26. Dezember Weihnachten

Geld

In Ungarn wird mit der Währung Forint (Ft) bezahlt, in vielen Supermärkten in der Innenstadt kann mittlerweile auch in Euro gezahlt werden. Bankfilialen gibt es über die gesamte Stadt verteilt, geöffnet sind diese Montag bis Freitag, wobei freitags verkürzte Öffnungszeiten gelten. Geldautomaten findet man vorrangig an Plätzen und Hauptverkehrsstraßen sowie in einigen Supermarktfilialen und Fast-Food-Restaurants. Geldautomaten erkennen deutsche Geldkarten und bieten Deutsch (oder Englisch) als Menüsprache an. In Ungarn ist es verboten, Geld auf der Straße »unter der Hand« zu wechseln, Banken und Geldwechselstuben wechseln zumeist zu gleichen Konditionen. Lediglich am Flughafen erhält man einen schlechteren Kurs. In der Innenstadt selbst gibt es kaum Abweichungen. Gängige Kreditkarten werden in den meisten Geschäften und Restaurants akzeptiert.

100 Ft	0,33 €/0,40 SFr
1 €	306,25 Ft
1 SFr	251,77 Ft

Links und Apps

LINKS

www.budapest.com

Informative Seite mit aktuellen Ereignissen und kulturellen Anlässen.

www.bkk.hu

Homepage des Budapester Nahverkehrs inklusive Fahrplänen, Routenplaner und Hinweisen auf Bauarbeiten und Fahrplanänderungen.

www.welovebudapest.hu
Einheimische Reporter stellen bekannte und weniger bekannte Lokale, Geschäfte und Veranstaltungen vor (auf Englisch).

APPS
guide@hand Budapest
Fremdenführer für Smartphones mit offline interaktivem Kartenmaterial und geführten Spaziergängen.
iPhone und Android │ kostenlos │ auch auf Deutsch
BpMenetrend
Einsteigen, Umsteigen, Route planen – die App des Budapester Nahverkehrs ist eine unerlässliche Hilfe im Großstadtdschungel.
iPhone und Android │ kostenlos
Funzine Budapest
Veranstaltungshinweise direkt aufs Telefon, Taxi bestellen ohne Sprachbarriere.
iPhone und Android │ kostenlos │ auf Englisch

Medizinische Versorgung
KRANKENHAUS
Krankenhaus Szent János Kórház
🚩 A 5
XII. │ Diós árok 1–3 │ Tel. 01/4 58 45 00

APOTHEKEN
Apotheken haben in der Regel von Montag bis Freitag zwischen 8 und 18 Uhr geöffnet, in Einkaufszentren auch am Wochenende, entsprechend den Öffnungszeiten des jeweiligen Einkaufszentrums.

Fővám téri Gyógyszertár (Apotheke am Fővám tér)
🚩 C 7
V. │ Fővám tér 4 │ Tel. 01/2 69 95 25

Nebenkosten
1 Tasse Kaffee (hosszú kávé) ..... 500 Ft
1 Tasse Espresso (presszó kávé)   350 Ft
1 Glas Bier (pohár) .... 400 Ft
1 Glas Cola .... 350 Ft
1 Lángos .... 550 Ft
1 Liter Benzin .... 405 Ft
1 Taxifahrt (pro Kilometer) ...... 280 Ft
Mietwagen/Tag ....ab ca. 30 €

Notruf
Polizei 107
Feuerwehr 105
Rettungsdienst 104
Notruf 112

Post
Postkarte (nach D, A, CH) ab 145 Ft, Briefmarken gibt es in Postfilialen und (zumeist) dort, wo man Postkarten kaufen kann. Briefkästen sind in Ungarn feuerwehrrot.

Reisedokumente
Der Personalausweis ist in Ungarn ausreichend. Zwar nicht zur Einreise, jedoch zur Identitätsprüfung benötigen auch Kinder einen gültigen Reisepass.

Reiseknigge
FOTOGRAFIEREN
Budapester sind es gewöhnt, dass viel und häufig fotografiert wird. Will man Nahaufnahmen oder Porträts von Menschen machen, sollte vorher gefragt werden.

KLEIDUNG
Lediglich in Kirchen und religiösen Gebäuden werden bedeckte Schultern und Knie erwartet.
Da es im Sommer in Budapest extrem heiß werden kann, laufen die Klima-

anlagen in Hotels und Restaurants auf Hochtouren. Eine Strickjacke lohnt sich, sonst ist die Erkältung vorprogrammiert.

RAUCHEN

Weder in Restaurants noch Bars oder in sonstigen öffentlichen Gebäuden darf geraucht werden. Auch an Haltestellen (und noch im Umkreis von 15 m) ist das Rauchen verboten und kann hier mit hohen Geldstrafen belegt werden.

TISCHSITTEN

Obstbrände (pálinka) werden in Ungarn (insbesondere in ländlichen Regionen) bereits ab Mittag angeboten.

TRINKGELD

In einigen Restaurants gibt es eine Servicepauschale von zehn Prozent. Wo dies nicht der Fall ist, gelten zehn bis 15 Prozent als angemessen.

VERKEHR

Budapester halten sich nur bedingt an Geschwindigkeitsbegrenzungen, daher ist Vorsicht beim Überqueren von Straßen geboten.

Reisewetter

Budapest ist im Frühling am schönsten, wenn bei Temperaturen um die 20 Grad die Natur zu sprießen beginnt. Zwischen Ende Mai und Ende August kann es sehr heiß werden. Spätestens ab Oktober muss mit Regen, Schnee oder auch Stürmen gerechnet werden.

Sicherheit

Insbesondere die Bezirke VIII. und IX. sind außerhalb des Nagykörút für Touristen nicht empfehlenswert. Einzige Ausnahme sind die in diesem Reiseführer angegebenen Adressen. Taschendiebe sind in Budapest mittlerweile vor allem mit Messern unterwegs und schneiden Taschen von unten auf, um an deren Inhalt zu gelangen. Dies passiert vor allem im öffentlichen Nahverkehr und auf belebten Plätzen. Halten Sie stets etwas Kleingeld in der Hosentasche bereit, und vermeiden Sie es, Ihr Portemonnaie an allzu belebten Orten zu zücken. Einige Trickdiebe warten nur auf diesen Moment. Sollten Sie doch Opfer von Taschendieben geworden sein, wenden Sie sich an die nächsten Streifenpolizisten oder eine Polizeiwache in Ihrer Nähe.

Klima (Mittelwerte)

	Januar	Februar	März	April	Mai	Juni	Juli	August	September	Oktober	November	Dezember
Tagestemperatur	2	4	11	14	22	26	28	27	23	16	8	3
Nachttemperatur	−1	2	2	6	11	14	16	15	12	7	3	−1
Sonnenstunden	2	2	4	6	8	9	9	8	7	5	2	1
Regentage pro Monat	8	6	7	7	9	9	6	7	5	7	9	8

Stadtführungen

Budapest Beyond Sightseeing

Beim Budapest Beyond Sightseeing geht es weniger um die wunderschöne Architektur der Stadt als vielmehr um ein Budapest, wie man es normalerweise als Tourist eher selten zu sehen bekommt. Bei den »soziokulturellen« Spaziergängen insbesondere durch den VIII. und V. Bezirk der Stadt erhalten die Mitgehenden persönliche und vor allem authentische Einblicke in das »wahre Budapest«.

www.beyondbudapest.hu

Free Budapest walking tours

Die Free Budapest walking tours sind eine gute Möglichkeit, um sich einen Überblick über die Stadt zu verschaffen. Täglich zwei Mal, um 10.30 Uhr und um 14.30 Uhr, geht es vom Treffpunkt am Vörösmarty tér (Löwenfontaine) los. Zwischen 1,5 und 2,5 Stunden wird man sodann entlang der wichtigsten Sehenswürdigkeiten durch die Stadt geleitet, je nach Tour (General, Communist, Jewish) unterscheidet sich die Route. Wichtiger Hinweis: Die Touren sind zwar kostenlos, ein Trinkgeld am Ende (oder wenn man sich von der Gruppe trennt) gehört sich jedoch unbedingt.

www.triptobudapest.hu | tgl. 10.30 und 14.30 Uhr ab Vörösmarty tér

Hosszulépés

Weniger allgemein, dafür umso persönlicher sind die Touren der Gruppe »Hosszulépés«. Der Name ergibt sich aus einem Wortspiel, denn neben »langem Schritt« ist dies auch der Name einer leichten Weinschorle. Mit einem ähnlichen Augenzwinkern und Liebe zu Budapester Eigenheiten führen die Guides thematisch durch die Stadt, immer darum bemüht, die weniger bekannten, aber nicht weniger schönen Ecken der Innenstadt vorzustellen.

www.hosszulepes.org

Strom

Die Spannung beträgt in Ungarn 230 Volt, ein Steckdosenadapter wird nicht benötigt.

Telefon

VORWAHLEN

D, A, CH ▶ **Ungarn** 00 36
Ungarn ▶ **D** 00 49
Ungarn ▶ **A** 00 43
Ungarn ▶ **CH** 00 41

Verkehr

AUTO

Mit dem Auto tut man sich in Budapest wahrlich keinen Gefallen. Täglich kommt es am Morgen und am Nachmittag zu Verkehrsstauungen, insbesondere im Stadtzentrum zwischen Margit híd im Norden und Petőfi híd im Süden ist ein Durchkommen unmöglich. Wer sich trotzdem für das Auto als Transportmittel entscheidet, der sollte sich entweder auf eine langwierige Parkplatzsuche oder gepfefferte Parkplatzpreise gefasst machen. In der Innenstadt kostet die Stunde auch gern mal 500 Ft. Vorsicht auch beim Falschparken und beim Überschreiten der Parkdauer. Insbesondere in der Innenstadt werden oft und schnell Radkrallen montiert. Das ist nicht nur ärgerlich, sondern auch teuer. In Budapest wird wenig geblinkt, und Geschwindigkeitsbegrenzungen scheinen mehr Richtwerte zu sein.

FAHRRAD

Das Fahrrad ist zweifelsfrei die beste Wahl als Verkehrsmittel in der Stadt. Das Netz an Fahrradwegen wird kontinuierlich ausgebaut und ist bereits jetzt auch für Stadtunkundige gut nutzbar. Die meisten Autofahrer in Budapest haben sich an die stetig wachsende Zahl von Zweirädern gewöhnt und nehmen entsprechend Rücksicht. Wo es keine Fahrradwege gibt, sieht der Gesetzgeber das Vorankommen zwischen den Autos vor. Dies sollten nur geübte Radler wagen, da es auf den Straßen mitunter sehr eng werden kann. Vorsicht vor Fußgängern, diese ignorieren häufig rote Ampeln und näher kommende Fahrradfahrer. Fahrräder kann man in Budapest bei diversen Verleihstellen erhalten. Mittlerweile gibt es auch ein städtisches Verleihsystem: Bubi. Bubi-Stationen finden Sie über ganz Budapest verteilt. Der größte Vorteil: Verleih und Rückgabe müssen keineswegs am selben Ort stattfinden. Die Räder können von jeder Station entliehen werden und ebenso an jeder Station zurückgegeben werden – alles vollautomatisch, lediglich eine Registrierung ist nötig, und man muss im Besitz eines aufgeladenen Guthabenkontos sein.

MIETWAGEN

Mietwagen können in Budapest an vielen Stellen angenommen und auch abgegeben werden. Es lohnt sich, Preise zu vergleichen, denn diese liegen mitunter weit auseinander. Auch Reservierungen im Voraus können sinnvoll sein, um noch das gewünschte Auto zu erhalten. Zu beachten gilt es, dass Mietwagen gelegentlich eine ungemeine Anziehungskraft auf Autodiebe ausüben, es sollte nichts im Wagen gelassen werden.

ÖFFENTLICHER NAHVERKEHR

Die zweitbeste Wahl, wenn man in Budapest von Punkt A nach Punkt B gelangen möchte. Das Verkehrsnetz ist dicht gestrickt, die Anbindungen gut. Die Metros und die Straßenbahnlinien 4 und 6 fahren zu Hauptverkehrszeiten im Rhythmus weniger Minuten. Leider stimmen Fahrplan und Wirklichkeit nicht immer überein, und auch die Fahrtdauer kann sich bei Bus und Bahn bei starkem Verkehr in der Innenstadt verlängern. Bei vielen Bussen erfolgt der Einstieg nur noch über die vorderste Tür, dort werden auch die Fahrkarten vom Fahrer geprüft. Wer mit Einzelfahrscheinen fährt, sollte, um die nachkommenden Passagiere nicht unnötig warten zu lassen, diese an der zweiten Tür entwerten. Es gibt Einzelfahrscheine (350 Ft), die für jeweils einen Streckenabschnitt gelten und nicht zum Umsteigen berechtigen. Möchte man viel mit Bus und Bahn fahren, lohnt sich entweder ein Zehner-Sammel-Ticket (pro Fahrt ein Fahrschein/3000 Ft) oder ein Zeitticket (24 Stunden/1650 Ft, 72 Stunden/4150 Ft, eine Woche 4950 Ft).

TAXI

Seit 2013 gibt es in Budapest einen Einheitspreis für Taxifahrten, dieser liegt bei 280 Ft/km. Es macht nunmehr keinen Unterschied, ob man per Telefon ein Taxi bestellt, eines von der Straße winkt oder in ein wartendes Taxi einsteigt. Auch der Standard in Taxen wurde vereinheitlicht, in den meisten ist Kartenzahlung möglich. Taxifahrer in Budapest sind zumeist freundlich, aber nicht immer geübt in Fremdsprachen. Die Dispatcher jedoch sprechen in den meisten Fällen Englisch. Geben Sie bei der Bestellung eines Wagens oder bei der Angabe der Adresse immer auch den Bezirk an, denn es gibt Doppelungen bei Straßennamen. Die Taxen sind in Budapest leuchtend gelb.

Tiere

Hunde und Katzen benötigen zur Einreise einen EU-Heimtierausweis (stellt der Tierarzt aus) mit Nachweis einer Tollwutimpfung. Das Tier muss durch einen Mikrochip identifizierbar sein.

Zeitungen und Zeitschriften

In Ungarn erscheinen die deutschsprachige Wochenzeitung »Budapester Zeitung« sowie ihr englischsprachiges Schwesterblatt »Budapest Times«.

Das englischsprachige Eventmagazin »Funzine« informiert über Budapest.

Zoll

Reisende aus Deutschland und Österreich dürfen Waren abgabenfrei mit nach Hause nehmen. Wein darf seit Kurzem in unbegrenzter Menge nach Deutschland eingeführt werden, andere Richtmengen sollten jedoch nicht überschritten werden, z. B. 800 Zigaretten (Österreich), 300 Zigaretten (Deutschland), 90 l Wein (Österreich), 10 kg Kaffee. Weitere Auskünfte erhalten Sie unter www.zoll.de und www.bmf.gv.at/zoll. Reisende aus der Schweiz dürfen Waren im Wert von 300 sfr abgabenfrei mit nach Hause nehmen. Tabakwaren und Alkohol fallen nicht unter diese Wertgrenze und bleiben in bestimmten Mengen abgabefrei (z. B. 200 Zigaretten, 2 l Wein). Weitere Infos: www.zoll.ch.

Entfernungen (in Kilometern) zwischen wichtigen Orten
*mit öffentlichen Verkehrsmitteln

	Aquincum	Burgpalast	Parlament	Fischerbastei	Vörösmarty tér	Gellért-Bad	Rathaus	Kunstmuseen/Heldenplatz	Margareteninsel	Ostbahnhof	Staatsoper
Aquincum	–	40	25	35	30	35	35	40	35	40	40
Burgpalast	40	–	20	*10	25	20	20	35	45	30	25
Parlament	25	20	–	25	*15	20	20	20	30	15	15
Fischerbastei	45	*10	15	–	20	15	15	30	40	25	20
Vörösmarty tér	30	25	*15	25		*10	10	10	35	15	*10
Gellért-Bad	35	20	20	15	15	–	10	20	40	25	20
Rathaus	35	20	20	15	*10	10	–	25	35	20	*10
Kunstmuseen/Heldenplatz	40	35	20	30	10	20	25	–	40	20	10
Margareteninsel	35	45	30	40	35	40	35	40	–	45	40
Ostbahnhof	40	30	15	25	15	25	20	20	45	–	20
Staatsoper	40	25	15	20	*10	20	*10	10	40	20	–

ORTS- UND SACHREGISTER

Wird ein Begriff mehrfach aufgeführt,
verweist die **fett** gedruckte Zahl auf die Hauptnennung.
Abkürzungen: Hotel [H] · Restaurant [R]

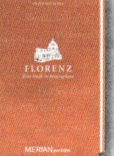

Erlesene Ziele

Auf den Spuren berühmter
Persönlichkeiten

MERIAN
Die Lust am Reisen

Liebe Leserinnen und Leser,

vielen Dank, dass Sie sich für einen Titel aus unserer Reihe MERIAN *momente* entschieden haben. Wir wünschen Ihnen eine gute Reise. Wenn Sie uns nun von Ihren Lieblingstipps, besonderen Momenten und Entdeckungen berichten möchten, freuen wir uns. Oder haben Sie Wünsche, Anregungen und Korrekturen? Zögern Sie nicht, uns zu schreiben!

Alle Angaben in diesem Reiseführer sind gewissenhaft geprüft. Preise, Öffnungszeiten usw. können sich aber schnell ändern. Für eventuelle Fehler übernimmt der Verlag keine Haftung.

© 2015 TRAVEL HOUSE MEDIA GmbH, München
MERIAN ist eine eingetragene Marke der GANSKE VERLAGSGRUPPE.

TRAVEL HOUSE MEDIA
Postfach 86 03 66
81630 München
merian-momente@travel-house-media.de
www.merian.de

Alle Rechte vorbehalten. Nachdruck, auch auszugsweise, sowie die Verbreitung durch Film, Funk, Fernsehen und Internet, durch fotomechanische Wiedergabe, Tonträger und Datenverarbeitungssysteme jeglicher Art nur mit schriftlicher Genehmigung des Verlages.

BEI INTERESSE AN MASSGESCHNEIDERTEN MERIAN-PRODUKTEN:
Tel. 0 89/4 50 00 99 12
veronica.reisenegger@travel-house-media.de

BEI INTERESSE AN ANZEIGEN:
KV Kommunalverlag GmbH & Co KG
Tel. 0 89/9 28 09 60
info@kommunal-verlag.de

1. Auflage

VERLAGSLEITUNG
Dr. Malva Kemnitz
REDAKTION
Richard Schmising
LEKTORAT
Kerstin Seydel-Franz
BILDREDAKTION
Susann Jerofsky
SCHLUSSREDAKTION
Karin Leonhart
HERSTELLUNG
Bettina Häfele, Katrin Uplegger
SATZ
Nadine Thiel, kreativsatz, Baldham
REIHENGESTALTUNG
Independent Medien Design, Horst Moser, München (Innenteil), La Voilà, Marion Blomeyer & Alexandra Rusitschka, München und Leipzig (Coverkonzept)
KARTEN
Gecko-Publishing GmbH für MERIAN-Kartographie
DRUCK UND BINDUNG
Firmengruppe APPL, aprinta Druck, Wemding

Ein Unternehmen der
GANSKE VERLAGSGRUPPE

PEFC™
PEFC/04-32-0928

BUDAPEST GESTERN & HEUTE

Die **Promenade am Donauufer** war und ist noch immer eine der beliebtesten innerstädtischen Flaniermeilen. Während zu kaiserlichen Zeiten hier der Adel und das Großbürgertum flanierten und dabei den Blick auf die **Budaer Burg** genossen, ist der Ausblick zwar geblieben, doch das Publikum hat sich verändert. Heute sind es vor allem Touristen, die den Straßenzug bevölkern und bei einem Glas Wein in einem der zahlreichen Restaurants die Schönheit der Stadt auf sich wirken lassen.